厚德博學

經濟匡時

2023 中国宏观经济形势分析与预测年中报告

复苏中的中国经济

"中国宏观经济形势分析与预测"课题组　著
上海财经大学经济学院

上海财经大学出版社
SHANGHAI UNIVERSITY OF FINANCE & ECONOMICS PRESS

图书在版编目(CIP)数据

2023 中国宏观经济形势分析与预测年中报告:复苏中的中国经济/"中国宏观经济形势分析与预测"课题组,上海财经大学经济学院著. —上海:上海财经大学出版社,2024.5
ISBN 978-7-5642-4355-5/F·4355

Ⅰ.①2… Ⅱ.①中…②上… Ⅲ.①中国经济-宏观经济形势-经济分析-研究报告-2023②中国经济-宏观经济形势-经济预测-研究报告-2023 Ⅳ.①F123.24

中国国家版本馆 CIP 数据核字(2024)第 061326 号

□ 责任编辑　胡　芸
□ 封面设计　张克瑶

2023 中国宏观经济形势分析与预测年中报告
复苏中的中国经济

"中国宏观经济形势分析与预测"课题组
上海财经大学经济学院　著

上海财经大学出版社出版发行
(上海市中山北一路 369 号　邮编 200083)
网　　址:http://www.sufep.com
电子邮箱:webmaster@sufep.com
全国新华书店经销
上海华业装璜印刷厂有限公司印刷装订
2024 年 5 月第 1 版　2024 年 5 月第 1 次印刷

710mm×1000mm　1/16　7.75 印张(插页:1)　119 千字
定价:50.00 元

目 录

概述 /1

第一章 复苏进程分化,金融系统风险如期收敛了吗?/4
一、引言 /4
二、货币环境总体较为宽松 /5
三、地方财政能力下降明显 /9
四、债务水平达到历史新高 /15
 (一)国企违约风险收敛,而民营企业违约风险处于历史最高水平 /17
 (二)企业违约风险停止上升,但行业间呈现分化 /19
 (三)国有制造业企业违约风险有所抬头 /20
 (四)民营房地产企业违约风险持续加速上升 /21
 (五)地方融资平台债务压力大 /22
五、银行风险高位徘徊 /25
六、结语 /30

第二章 大国博弈环境下的外贸结构调整 /32
一、大国博弈主导了后疫情时代的外贸表现 /32
二、出口结构调整和出口韧性 /45
 (一)中美经贸脱钩 /45
 (二)制度型创新增强出口韧性:"一带一路"和跨境电商综试区 /50
 (三)持续的出口结构转型升级 /53
三、潜在风险 /56

（一）全球经济增速继续放缓，通胀持续/56

（二）大国博弈加速全球供应链友邦化、区域化和本地化，并加速贸易衰退/57

（三）内部需求面临多重挑战，或同时拖累出口和进口需求/59

第三章 艰难复苏的房地产市场及其预期管理/61

一、房地产市场数据分析/61

（一）房地产市场销售复苏明显/62

（二）房地产企业资金有所改善/70

（三）房地产开发投资形势依然严峻/72

（四）土地市场缓步回温/76

（五）人口与房价/80

二、房地产预期管理/81

（一）房地产市场中公众的主观预期及其影响/81

（二）预期管理/87

第四章 做实失业保险领取，激发家庭消费需求/92

一、引言/92

二、失业冲击的影响/94

（一）数据描述/94

（二）失业与就业的转变对消费的影响/95

（三）整体失业风险对消费的影响/97

（四）整体失业率变动对劳动供给的影响/98

（五）失业保险对消费的影响/99

三、失业保险体系的现状/101

四、失业风险对宏观经济的冲击/105

（一）分析框架/105

（二）失业风险冲击的校准/106

(三)失业风险对家庭的异质性影响/107

　　(四)短期失业冲击的宏观影响/109

　　(五)长期失业风险的宏观影响/110

五、失业保险的稳消费作用/112

　　(一)引入失业保险对家庭的异质性影响/112

　　(二)引入失业保险的宏观影响/114

　　(三)失业保险的稳内需作用/115

六、结论/116

概　述

2023年,外部环境复杂严峻,国际政治博弈持续、欧美高通胀叠加加息周期、主要经济体增速放缓、全球供应链产业链深度调整。疫情管控放开后,国内经济恢复正常秩序,但房地产市场走弱等冲击持续,结合需求乏力、供给冲击及预期转弱三重压力,中国经济社会发展增长面临挑战。2023年第一季度实际 GDP 同比增长 4.5％,预计全年 GDP 增速为 5.1％。

从2023年中国宏观经济运行基本态势来看,需求端恢复仍然乏力,相较供给端而言,存在恢复不同步的情况。消费者信心指数仍在低位徘徊;固定资产投资中,基建投资仍是主力,房地产投资额持续下降拖累整体投资,民间投资态势低迷;出口增速表现强韧,国内生产需求不足制约进口增速,外贸结构持续优化但外贸环境不容乐观;CPI 涨幅回落且接近零值,PPI 连续 8 个月处于下跌状态且跌幅不断扩大;外汇储备规模总体稳定,人民币汇率面临小幅贬值压力;失业率走高,年轻群体就业压力严峻,劳动力市场摩擦加剧;地方政府债务风险加大地方政府财政压力。

课题组认为,中国宏观经济下一步发展面临的主要风险包括以下几个方面:一是青年人就业难。青年失业率创历史新高且高企不下,青年就业意向的行业失衡和第三产业发展低迷是造成青年人就业难的根本原因。二是房地产风险。房地产企业债务压力不减,同时,居民短期内收入预期走弱等因素也使得房地产市场需求难以提振,进一步增加了房地产企业现金压力,拖累投资。三是不确定性居高不下,使得家庭预期减弱、信心不足,消费与房地产需求恢复压力巨大。四是地方政府收支矛盾加剧,债务规模攀升。受新冠疫情的超预期冲击和楼市低迷等多重因素影响,地方财政收支两端持续承压,地方偿债压力增加,潜在的地方财政金融风险不容忽视。五是金融机构脆弱性有可能再次上升。尤其是在需求收缩、供给冲击及预期转弱三重压力以及复杂严峻外部环境等因素持续影响的情况下,企业家信心仍然低迷。六是内、外部需求持续低迷。全球产业链供应链仍处于多元化、友岸化等多重调整中,进出口仍面临下行压力,国际资本更加注重产业链供应链的安全性和完整性,部分跨国企业在疫情暴发后加快调整产业链布局,给中国制造业转型升级与高质量发展带来压力。

根据2023年以来中国宏观经济运行态势的定性判断,课题组预测2023年全年实际GDP增速为5.1%。以下就本期四个专题方向分别做出乐观和悲观情景预测:

就外贸而言,乐观情景下,中美在经贸领域的博弈没有进一步恶化,GDP上升0.1个百分点;悲观情景下,美国加大对中国半导体产业的限制,并加速中美在生物医药、关键材料等领域的脱钩进程,GDP下降0.3个百分点。

就民营中小企业投融资而言,乐观情景下,民营企业违约风险如期下降,民营中小企业与头部国企之间的利差缩小,民营企业预期转好,拉动民间投资上升0.5个百分点,从而拉动GDP上升0.3个百分点;悲观情景下,民营企业违约风险持续高位徘徊,民营中小企业与头部国企之间的利差进一步扩大,拉低民间投资增速0.3个百分点,从而拉低GDP 0.2个百分点。

就房地产市场而言,乐观情景下,2023年各地较大幅度宽松房地产市场限制政策,市场预期得到较大修复,房地产开发投资同比增速可以达到2020—2021年的平均水平,那么可以拉动固定资产投资增速提高2.5%,GDP提高1.1个百分点;悲观情景下,房地产企业违约风险加剧,房地产开发投资同比增速降至2022年年末的水平,那么将拉低固定资产投资同比增速0.5%,拉低GDP 0.2个百分点。

就家庭消费而言,乐观情景下,假设政策得以实施,失业群体的家庭资产负债表得到修复,边际消费倾向更高的失业群体消费改善,叠加就业群体预防性储蓄动机的下降,使得消费较基准情形上升2个百分点,拉高GDP增速0.76(2%×38%)个百分点;悲观情景下,假设劳动力市场活力长久得不到恢复,失业群体的家庭资产负债表一直得不到修复,叠加预防性储蓄动机对就业群体的影响,使得消费较基准情形多下降0.6个百分点,拉低GDP增速0.228(0.6%×38%)个百分点。

2023年世界经济面临多重冲击,在地缘政治博弈持续、能源和食品价格高企、发达经济体金融环境收紧等的影响下,主要经济体的经济增长均出现不同程度的放缓,而在风险和不确定性加剧的背景下,高通胀与低增长并存,投资者避险情绪增长、心理预期调整,全球金融市场波动进一步加大。在此背景下,中国经济的重启进程承受较大的下行压力,企业生产经营和居民生产生活均受到不同程度的冲击。

实现中国式现代化,要靠坚定不移坚持以经济建设为中心的改革开放。面对依然较大的三重压力,其根本是要坚持以经济建设为中心的改革开放不动摇,这是稳预期、增信心的关键。与此同时,短期内还需要用好宏观经济政策工具箱,做好稳增长、稳就业、稳物价工作。通过一定的优惠和补助政策帮助居民和中小微企业特别是受疫情影响较大的服务业恢复活力,激活经济活动的微观主体,夯实提振内需的微观基础。同时,对于房地产企业,谨慎处理房地产行业风险问题,引导其健康发展,发挥其支柱产业作用。要加大逆周期政策调节力度,保持必要的财政支出强度和流动性合理充裕,持续向市场发出稳增长的明确信号。

2023年是贯彻落实党的二十大各项战略部署的开局之年,需要继续坚持稳中求进的工作总基调,注重短期逆周期对冲与长期跨周期政策之间的平衡,正确把握制约中国经济实现高质量发展的关键瓶颈,找准长期积累的深层次矛盾和风险隐患,通过坚持以经济建设为中心、全面深化改革开放来推动经济实现质的有效提升和量的合理增长。

第一章

复苏进程分化，金融系统风险如期收敛了吗？

一、引言

从2023年初开始，我国经济社会全面恢复常态化运行，虽然经济逐步复苏，但需求的复苏慢于供给的恢复，国际政治经济条件依然处于收紧状态，因而复苏基础不够稳固，不确定性下降的速度不及预期，信心的恢复不是特别强劲。这使得我国经济在步入更为稳健的复苏过程中，依然面临不小的挑战。

当前我国货币环境总体较为宽松，2023年以来各类利率水平均有所下降，特别是实体部门融资价格下降明显，M2和社会融资规模的增速稍高于经济的实际增速和价格水平增速之和。但值得注意的是，实体部门中融资需求并没有因此全面复苏，货币政策传导效率有所下降，货币政策的作用较之前常态化时期的时滞更长、摩擦更大；也就是说，在货币政策边际效用逐渐减小的背景下，需要财政政策更为积极地为经济稳步复苏保驾护航。

不过，2023年上半年全国一般公共财政收入的增速虽然呈现前低后高的趋势，但2022、2023两年的上半年全国公共财政收入增速的平均值为 0.87%,显著低于 2019 年之前的水平。在赤字率不变的情况下,财政政策发挥的空间有限。特别是从地方财政层面来看,多数省(市)2023 年上半年一般公共财政收入增速低于 2019 年、2020 年、2021 年同期的平均水平,这给地方财政造成不小的压力。

政府性基金方面,2023 年上半年全国政府性基金收入累计同比下降 16%。在一般公共财政收入增速下降的背景下,政府基金性收入增速的大幅下降很大程度上限制了政府性基金的支出端发力。其中,导致政府性基金收入增速大幅下降的主要原因是占政府性基金收入 86.54% 的国有土地使用权出让收入增速的大幅下降,国有土地使用权出让收入增速的下降对各地方政府财政能力形成新的制约。

持续宽松的货币环境叠加尚未稳固复苏的经济以及受制约的地方财政能力,使得宏观杠杆率达到 2015 年以来的新高。分部门看,大部分债务集中在非金融企业部门。特别是民营企业、房地产业和地方融资平台的债务风险依然处于高位,使得复苏的进程在各行业、各区域间呈现不同程度的分化,这对金融系统风险的收敛形成了一定的拖累。具体地,当前大型国有商业银行面临系统性风险时的风险溢出水平虽然不再持续上升,但持续在高位徘徊。此外,城市和农村商业银行已接近股份制银行的风险溢出水平,其系统重要性很可能在不久的将来居于首位。金融风险的防范和化解既要密切关注系统重要性金融机构,也要防微杜渐,谨防局部风险扩大化。

二、货币环境总体较为宽松

2023 年以来,我国稳健的货币政策总体保持灵活适度,适当靠前发力。中国人民银行于 2023 年 3 月 27 日全面下调存款准备金率 0.25 个百分点,共计约释放长期流动性 5 500 亿元。2023 年 1—5 月,常备借贷便利(SLF)余额同比增加 7.4 亿元,中期借贷便利(MLF)余额同比增加 3 990 亿元,公开市场操作净回笼 3 790 亿元。截至 2023 年 5 月,M2 余额 282.05 万亿元,同比增长 11.6%,增速较 4 月下降 0.8 个百分点,比上年同期上升 0.5 个百分点,当前 M2 增速虽然较年初有所回落,但仍位于 2018 年以来的最高区间;M1 余额 67.5 万亿元,同比增长 4.7%,增速较

4月下降0.6个百分点,比上年同期上升0.1个百分点;M0余额10.47万亿元,同比增长9.6%,增速较4月下降1.1个百分点,比上年同期下降3.9个百分点。M2和M1的剪刀差有所收窄,居民户存款增加有所减速。但需要注意的是,当前M1增速较M0增速依旧低4.9个百分点,由于我国企业活期存款主要用于企业转账结算,因此持续下降的企业活期存款增速是当前企业经营活力下降的反映。

从M2的分布来看,2023年1—5月人民币存款累计新增16.39万亿元,同比多增2.4万亿元;外币存款累计少增20亿美元,同比多增104亿美元。在企业经营活力下降、劳动力市场疲软、居民收入增速放缓、叠加房地产行业风险持续高位的背景下,企业和居民预防性储蓄动机增强。具体地,居民户存款累计新增9.24万亿元,同比多增1.38万亿元;非金融企业存款累计新增2.9万亿元,同比多增0.6万亿元。财政存款方面,2023年1—5月财政存款累计新增1.04万亿元,同比多增1 000亿元。此外,虽然我国迅速完成了社会活动修复和交易修复,但各个经济主体资产负债表的修复还远未完成,投资者对国内金融市场的信心还处于修复阶段。2023年1—5月非银行业金融机构存款累计新增1.4万亿元,同比少增0.1万亿元。

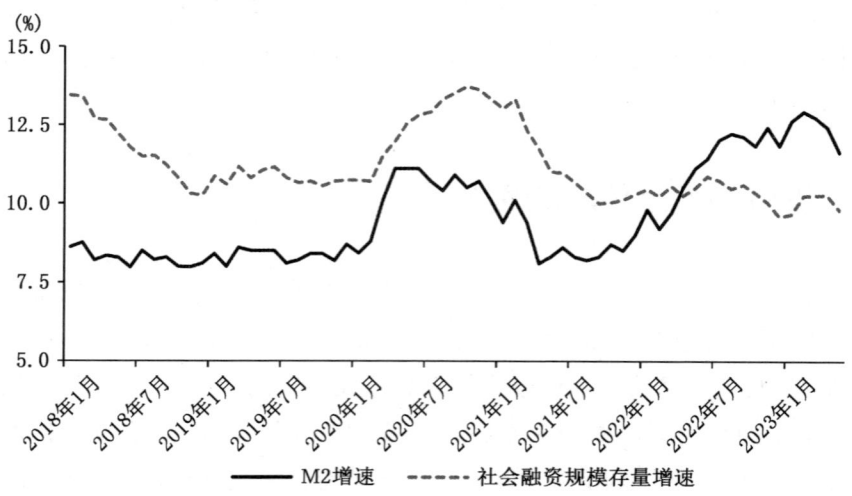

数据来源:中国人民银行。

图1 货币供应和社会融资规模存量增速

虽然货币供应增速处于2018年以来的高位,但是社会融资规模增速的恢复不及预期,经济中各主体的融资需求依旧疲弱,即总需求恢复相对较慢。在金融数据上的体现,截至2023年5月,社会融资规模存量为361.42万亿元,同比增加9.79%,较4月下降0.47个百分点,比上年同期下降0.69个百分点,为5年来的最低水平。需要注意的是,虽然社会融资规模增速和M2增速的剪刀差已从年初的2.94个百分点收窄至1.8个百分点,但是该剪刀差已持续14个月,而且收窄的趋势能否持续仍存在不确定性。

从社会融资规模的增量来看,2023年1—5月社会融资累计新增17.32万亿元,同比多增1.49万亿元。2023年5月社会融资规模增量为1.56万亿元,比上月多3312亿元,比上年同期少1.31万亿元。其中,1—5月人民币贷款累计增加12.36万亿元,同比多增1.84万亿元,约占社会融资总量的66.5%,较2022年同期水平下降4.9%。中长期贷款累计新增12.68万亿元,同比多增1.8万亿元,短期贷款以及票据融资累计新增3.12万亿元,同比下降1.4万亿元。从新增人民币贷款的投向来看,非金融企业贷款方面,2023年1—5月非金融企业及机关团体的贷款累计新增10.53万亿元,同比多增1.35万亿元。其中,非金融企业的中长期贷款累计同比多增3.35万亿元,非金融企业的短期贷款累计同比多增7957亿元,非金融企业的票据融资累计同比降低2.84万亿元。居民贷款方面,2023年1—5月居民户的贷款累计新增1.84万亿元,同比多增0.51万亿元。其中,居民户的中长期贷款累计同比少增1463亿元,居民户的短期贷款累计同比多增6459亿元。虽然当前各地纷纷开启"一城一策",但在坚持"房住不炒"的大背景下,居民收入增速的持续下滑以及劳动力市场的疲弱,房贷需求依然低迷。

综上所述,2023年前5个月,货币供应相比融资需求较为宽松,金融体系内流动性保持充裕。在流动性投放方面,中国人民银行于2023年3月27日全面下调存款准备金率0.25个百分点,共计约释放长期流动性5500亿元。2023年1—5月SLF余额同比增加7.4亿元,MLF余额同比增加3990亿元,公开市场操作净回笼3790亿元。利率方面,截至2023年5月末,银行间市场存款类机构7天期回购(DR007)加权平均利率为2.085%,较4月末下降0.23个百分点,较2022年末下降0.44个百分点。2023年以来,DR007与7天期逆回购利率差异明显减小,政策利率对市场利率引导效率较 2022 年有所提高,恢复至 2021 年的水平。

实体部门融资成本显著下降,特别是一般贷款利率和个人住房贷款利率均已下降至 7 年来的最低水平。具体地,截至 2023 年第一季度末,各类贷款的加权平均利率为 4.34%,同比下降 0.31 个百分点,环比下降 0.2 个百分点(见图 2)。其中,一般贷款的加权平均利率为 4.53%,同比下降 0.45 个百分点,环比下降 0.04 个百分点;票据融资的加权平均利率为 2.67%,同比下降 0.27 个百分点,环比上升 1.07 个百分点;个人住房贷款的加权平均利率为 4.14%,同比下降 1.35 个百分点,环比下降 0.12 个百分点。进一步地,6 月贷款市场报价利率(LPR)一年期利率和五年期利率分别为 3.55% 和 4.2%,同比分别下降 15 个和 25 个基点。

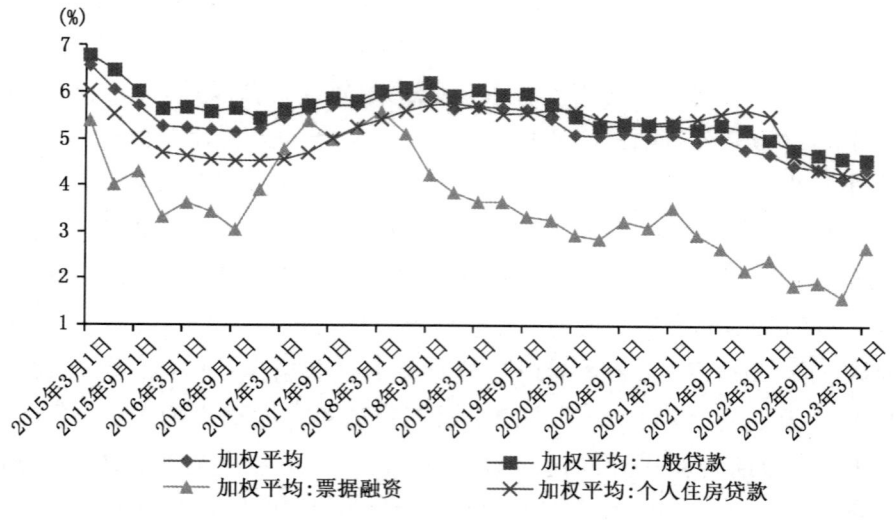

数据来源:中国人民银行。

图 2　贷款加权平均利率

此外,截至 2023 年 5 月,存款性公司对其他金融部门的债权同比增加 6.81%,而对非金融部门的债权同比增加 10.34%(见图 3)。虽然存款性公司对实体部门的支持力度稳中略升,但对其他金融部门的债权增速明显回升,且上升势头已持续 6 个月,实体部门获得的金融资源比例相对下降。这预示着宽松的流动性供给可能未能充分流向实体部门,而是更多地在金融系统内部流转。如果国内金融系统杠杆率依然延续上升趋势,就需要警惕金融资源在金融系统内部空转的影响。

第一章 复苏进程分化,金融系统风险如期收敛了吗?

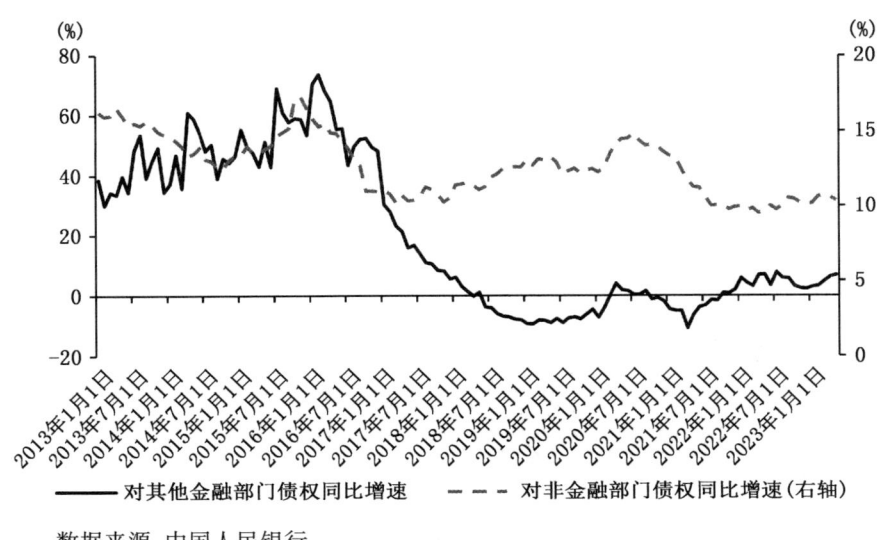

数据来源:中国人民银行。

图3 存款性公司概况(部分)①

三、地方财政能力下降明显

2023年上半年,全国一般公共财政收入为11.9万亿元,同比增长13.3%,增速呈现前低后高的趋势,但6月公共财政收入同比增幅收窄,2022、2023两年的上半年全国公共财政收入增速的平均值为0.87%,显著低于2019年之前的水平(见图4)。从公共财政收入进度来看,2023年上半年公共财政收入占全年预算收入的54.9%,略低于2018—2022年55.1%的平均水平。上半年公共财政收入增速高于经济增速,除受经济恢复性增长带动外,也与2022年4月实施了大规模增值税留抵退税政策拉低了基数有关,但相关指标依然未恢复至2019年的水平,下半年公共财政收入的增长可能同时受到低基数效应趋弱以及经济增速放缓的影响,地方政府财政压力可能依然较大。

---

① 自2023年1月起,中国人民银行将消费金融公司、理财公司和金融资产投资公司三类银行业非存款类金融机构纳入金融统计范围。由此,对社会融资规模中"实体经济发放的人民币贷款"和"贷款核销"数据进行调整。2023年1月末,上述三类机构对实体经济发放的人民币贷款余额8 410亿元,当月增加57亿元;贷款核销余额1 706亿元,当月增加30亿元。文中数据均按可比口径计算。

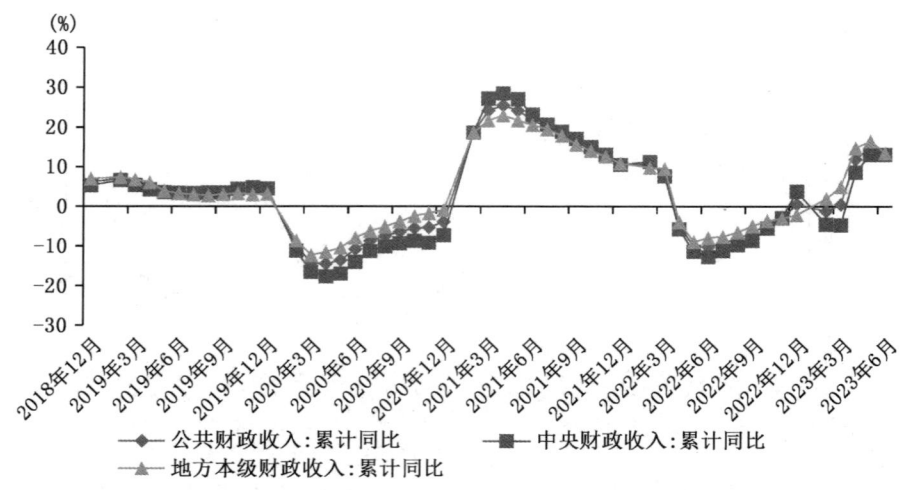

数据来源:财政部。

图4　我国一般公共财政收入累计同比增速

分省(市)来看,在2022年低基数效应的影响下,2023年前5个月大部分省(市)的公共财政收入增速虽然有一定分化,但均呈现较快增长。具体地,增速最快的是吉林,达到41.9%;最慢的是江西,为7.4%,均高于上半年GDP的增速(见图5)。① 但从2022、2023两年各省的平均增速来看,各省(市)的公共财政收入增速则下滑明显。具体地,平均增速最高的是内蒙古,为27.7%,最低的是吉林,为-11%,并且仅有8个省(市)的平均增速高于2020年、2021年同期的平均水平,以及有10个省(市)的平均增速高于2019年的同期水平。更重要的是,公共财政收入下降的省(市)主要集中在长三角、珠三角以及四川等我国经济体量较大以及地方债务规模较高的省份,这无疑将给地方财政造成新的压力。

2023年上半年,全国一般公共财政支出为13.4万亿元,同比增长3.9%,比第一季度末降低3.1个百分点,较2022年同期下降2个百分点(见图6)。这主要是受地方财政支出明显减速的影响,进入5月后增速有所下降。具体地,上半年中央本级一般公共财政支出同比增长6.6%,

---

① 省级公共财政收入数据在不同的时间点均有不同程度的缺失,2023年上半年数据缺失率最低的是5月,因此本书采用2023年5月的数据作为讨论基准。数据缺失的省份为:陕西、新疆、湖北、黑龙江、广西、江苏、宁夏、河南、贵州、辽宁、云南。

10

第一章 复苏进程分化,金融系统风险如期收敛了吗?

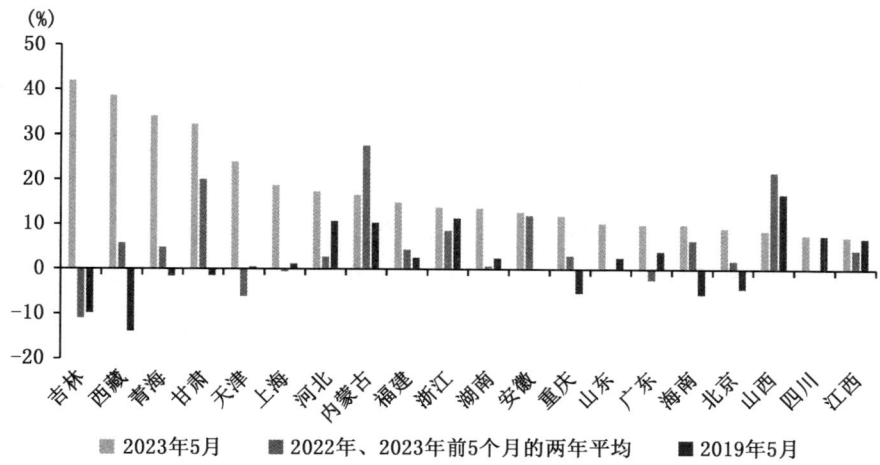

数据来源:Wind、上海财经大学高等研究院。

图5 各省(市)2023年前5个月一般公共财政收入同比增速

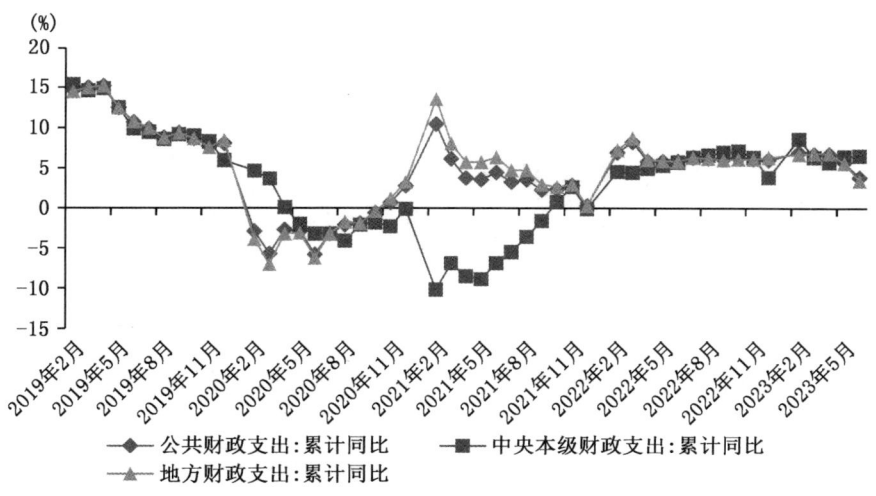

数据来源:财政部。

图6 我国一般公共财政支出累计同比增速

比第一季度末上升0.2个百分点,较2022年同期上升0.8个百分点;而上半年地方财政支出同比仅增长3.5%,比第一季度末下降3.4个百分点,较2022年同期下降2.4个百分点。此外,与一般公共财政收入不同的是,财政支出没有呈现明显的基数效应,地方财政支出增速的放缓显然与财政收入增速明显放缓有关。

分省(市)来看,2023年前5个月财政支出的增速呈现明显分化。上海在低基数效应的影响下,前5个月的增速最高,为16.3%,而同样受基数效应的影响,增速最低的是湖南省,为0.78%(见图7)。① 从2022、2023两年的平均增速来看,受财政收入增速明显下滑的影响,除了上海、西藏和安徽外,其他省(市)财政支出的平均增速较2019年的同期水平明显下滑,其中下滑最严重的是青海、浙江、山西和河北,均超过10个百分点。虽然从收支平衡的角度来看,财政收入增速的下降必然拖累财政支出的增速,但是财政支出作为逆周期调节的重要手段,其增速也可较经济正常运行期间更高。从当前数据来看,不论是2023年前5个月的财政支出增速,还是过去两年同期的平均增速,都较2019年同期显著下降,这说明财政收入的下降已明显拖累财政支出作为逆周期调节这一工具的有效性。

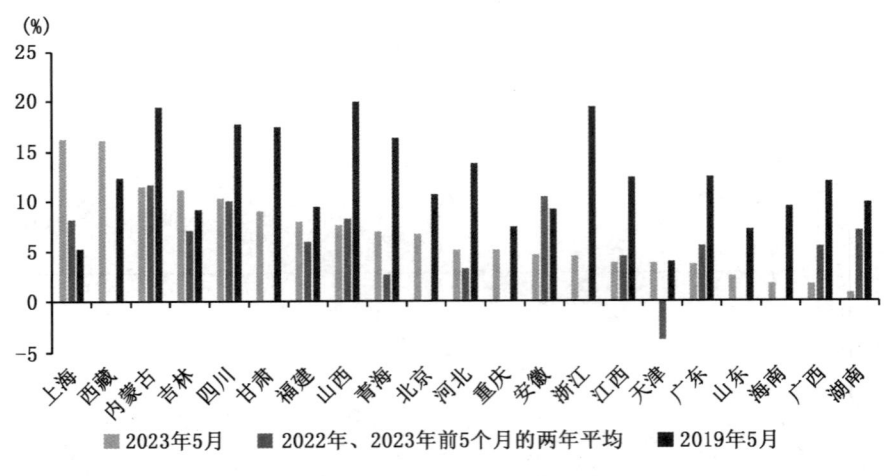

数据来源:Wind。

图7 各省(市)2023年前5个月一般公共财政支出同比增速

基金性收入方面,2023年上半年全国政府基金性收入累计同比下降16%。其中,中央政府和地方本级政府性基金收入累计同比分别增加了0.8个百分点和下降了17.2个百分点。在一般公共财政收入增速下降

---

① 省级公共财政收入数据在不同的时间点均有不同程度的缺失,2023年上半年数据缺失率最低的是5月,因此本书采用2023年5月的数据作为讨论基准。数据缺失的省份为:陕西、新疆、湖北、黑龙江、江苏、宁夏、河南、贵州、辽宁、云南。

的背景下,政府基金性收入增速的大幅下降很大程度上限制了政府性基金的支出端发力。其中,受基数效应的影响,中央政府和地方本级政府性基金支出上半年累计同比分别下降了63.3个和19.5个百分点,从支出水平来看,也略低于2021年的同期水平。从政府性基金收支进度来看,上半年政府性收入占全年预算的30.1%,较2018—2022年平均水平(39.6%)明显减少;政府性基金支出占全年预算的36.6%,略高于2018—2022年平均水平(36.1%)。

而导致地方本级政府性基金收入增速下降的主要原因是地方本级政府性基金收入中的国有土地使用权出让收入增速的大幅下降,即2023年上半年国有土地使用权出让收入累计同比下降了20.9个百分点。虽然自2023年以来,国有土地使用权出让收入占地方政府性基金收入的比重不断下降,但土地使用权出让收入仍然是地方政府性基金收入的唯一主要来源。具体地,截至2023年6月,土地使用权出让收入占地方政府性基金收入的比例从2020年6月的峰值94.26%下降到2015年的平均水平(见图8),但这一比例仍高达86.54%,国有土地使用权出让收入增速的大幅下降短期内依然直接制约了地方政府的收入和支出能力。

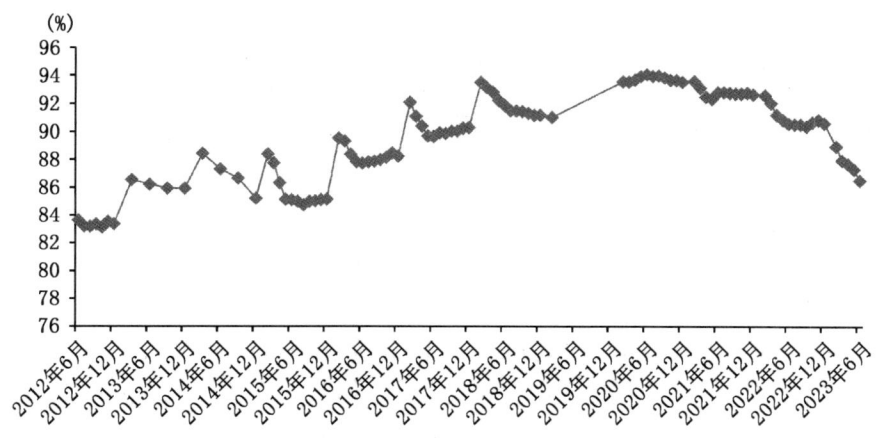

数据来源:Wind、上海财经大学高等研究院。

图8 国有土地使用权占地方政府性基金收入的比例

分省(市)来看,上半年国有土地使用权出让收入实现正增长的只有天津、黑龙江等10个省(市),所有30个省(市)的2022年、2023年上半年的两年平均国有土地使用权出让收入增速均为负值,只有新疆的两年平均增速比 2019 年同期水平高,国有土地使用权出让收入增速的下降对各地方政府财政能力均形成制约。此外,近两年来国有土地使用权出让收入增速下降对地方政府财政能力的制约也有一定分化,其中,卖地收入增速较 2019 年同期下降最少的是海南,为 12.2%,下降最多的则是青海,为 164.2%(见图 9)。需要注意的是,平均而言,国有土地使用权出让收入增速下降幅度较大的是西部等自身财政能力本就较弱和经济发展能力本就相对较弱的省份,政府财政能力的下降也可能进一步对当地经济发展和债务化解形成制约。

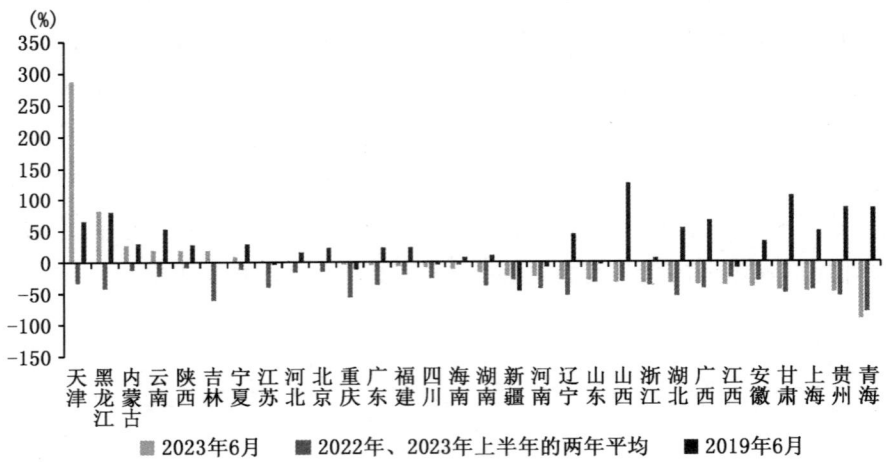

注:由于西藏的数据缺失,因此只有 30 个省(市)的数据。
数据来源:Wind、上海财经大学高等研究院。

图 9　各省(市)国有土地使用权出让收入累计同比增速

从各省(市)土地财政依赖度(国有土地使用权出让收入与一般公共财政收入之比)来看(见图 10),由于国有土地使用权出让收入增速下降的程度远远大于一般公共财政收入的增速,因此截至 2023 年 6 月,土地财政依赖度较 2019 年同期上升的省(市)仅有 6 个[①],而土地财政依赖度较 2019 年同期下降的省(市)有 21 个。虽然土地依赖度下降从长期来看将有利于提高地方财政的可持续性,但短期来看,大部分土地依赖度大幅

---

① 这 6 个省(市)分别是云南、海南、新疆、北京、宁夏和浙江。

下降的省(市)是原本土地财政依赖度很高的省(市),突如其来的收入下降可能对地方政府财政的流动性带来负面影响,更有甚者,还可能给地方债务特别是地方融资平台债务的兑付带来不小的冲击。

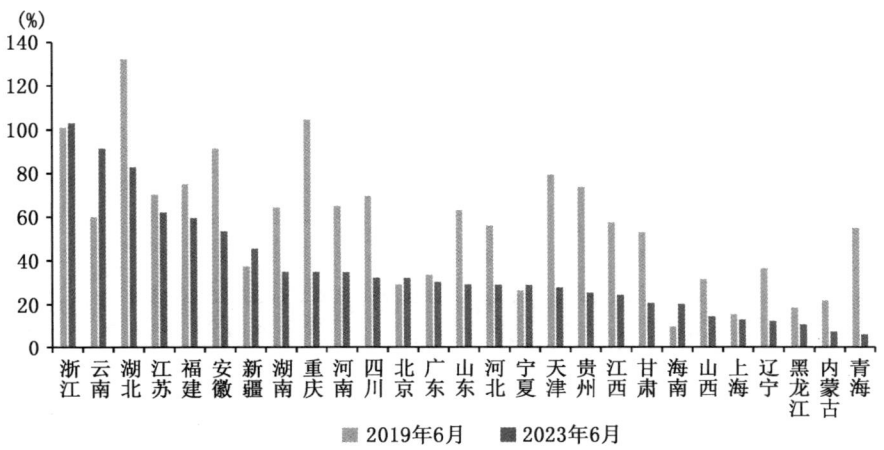

注:由于西藏、吉林、广西和陕西4个省份的数据缺失,因此土地财政依赖程度只包括27个省(市)。

数据来源:Wind、上海财经大学高等研究院。

图10 各省(市)土地财政依赖度

四、债务水平达到历史新高

持续宽松的货币环境叠加尚未稳固复苏的经济,使得宏观杠杆率达到2015年以来的新高。根据国家资产负债表研究中心的数据,截至2023年第一季度末,我国实体经济部门的宏观杠杆率为281.8%(见图11)。[①] 分部门看,大部分债务集中在非金融企业部门(下文简称企业部门)[②],截至2023年第一季度末,非金融企业部门债务占实体部门债务的

[①] 根据国家资产负债表研究中心的定义:杠杆率=各部门债务余额/名义GDP。

[②] 非金融企业债务包括企业贷款、企业债、信托贷款、委托贷款、未贴现银行承兑汇票和境外债务,其中包括部分地方政府融资平台的债务。

59.2%，随后依次为居民部门①、地方政府②和中央政府③，它们分别占实体部门债务的 22.5%、10.7%和 7.6%。

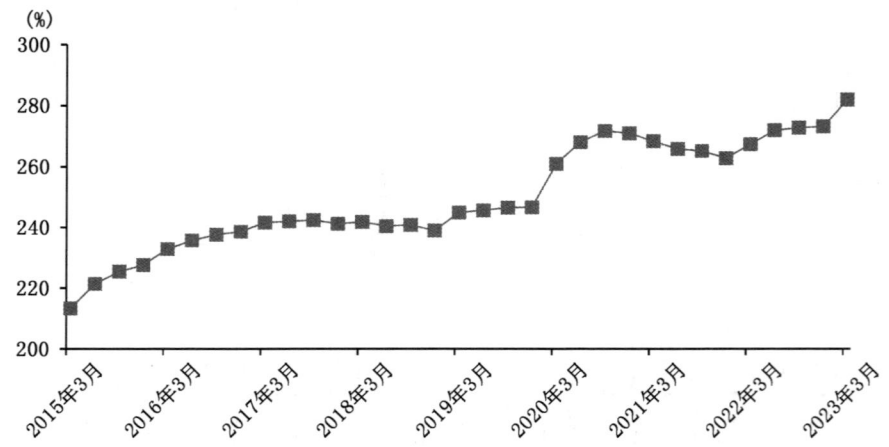

数据来源：国家资产负债表研究中心。

图 11　我国实体经济部门杠杆率

从变化趋势来看，政府部门和家庭部门的杠杆率水平则相对保持稳定，家庭部门、中央和地方政府部门的杠杆率水平分别为 63.3%、21.4%和 30.1%（见图 12）。而杠杆率水平上升最快的是非金融企业部门，2023年第一季度末我国企业部门杠杆率水平为 167%，较 2022 年末上升了 6.1 个百分点，为 2015 年以来最高水平，虽然每年第一季度杠杆率的上升有一定的季节性因素④，但 2023 年企业部门杠杆率水平能否不再进一步上升仍有待观察。

---

①　居民部门的债务为居民贷款，包括消费贷款和经营贷款。其中，房贷属于中长期消费贷款。
②　地方政府债务为地方债和地方政府的其他债务。2018 年之前包含一部分融资平台债务，与非金融企业债务重合的部分已从非金融企业部门去掉。
③　中央政府债务为国债余额。
④　受季节和假期等因素的影响，通常而言，第一季度 GDP 占全年 GDP 的比重最低，其增量对全年 GDP 增量的贡献也相对较小。与之形成对比的是，受"早投放早受益"或"政策适当提前发力"等因素的影响，金融机构的放款动力在第一季度最强。因此，我国企业部门杠杆率一般在第一季度呈现一定程度的季节性上涨。

第一章　复苏进程分化,金融系统风险如期收敛了吗?

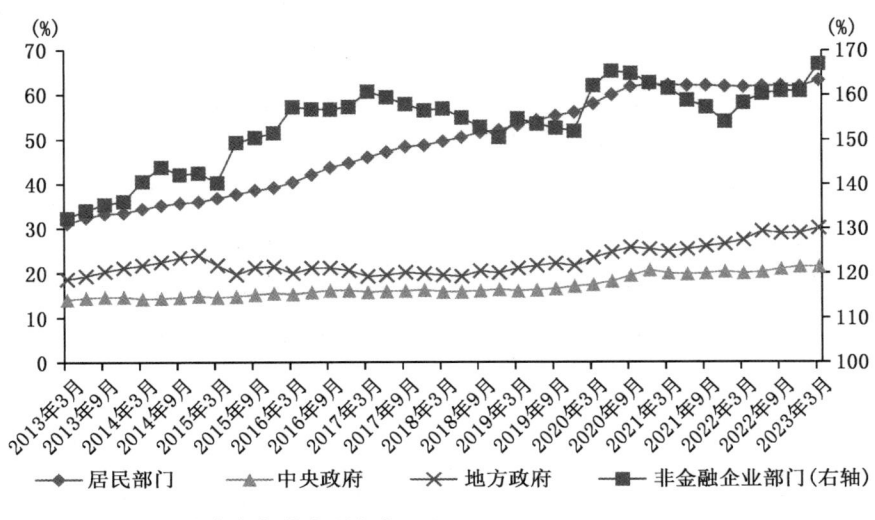

数据来源:国家资产负债表研究中心。

图 12　各实体部门杠杆率

(一)国企违约风险收敛,而民营企业违约风险处于历史最高水平

以工业企业为例,截至 2023 年 4 月末,我国工业企业资产负债率为 57.3%,同比上升 0.8 个百分点,较 2022 年末上升 0.7 个百分点。按登记注册类型来看,国有控股、股份制和私营工业企业的资产负债率分别为 57.3%、58.1%和 60%,同比分别上升 0.2、0.7 和 1.2 个百分点,较 2022 年末分别上升 0.1、0.7 和 1.6 个百分点。其中,私营企业的杠杆率水平上升最快,这可能与其效益指标改善的相对迟滞有关,2023 年前 4 个月只有私营企业的累计营收增速持续为负[①],而这也给企业造成了兑付压力,使得企业违约风险上升。

当前,实体经济的融资成本总体呈现下降趋势,企业付息压力似乎有所缓解,2023 年 1—5 月发生违约的非金融企业债券共计 101 只。[②] 其中,中央国有非金融企业的违约债券数为 0;地方国有非金融企业的违约债券数为 5 只;民营非金融企业的违约债券数为 57 只;其他类型企业的

---

①　根据宁磊等(2018),我国企业在营收能力下降的时候将更多地增加债务以维持经营,而且这一结论在私营企业中更加显著。

②　非金融企业债券违约数据截止日期为 2023 年 5 月 31 日。

违约债券数为39只。从涉及资金的规模来看(见图13),非金融企业债券违约涉及债券规模为1 348.3亿元,其中逾期本金为414.9亿元,逾期利息为6.4亿元。需要注意的是,民营非金融企业债券违约涉及债券规模为1 073.3亿元,占总规模的比例高达79.6%,该比例较2022年全年有所上升。当前虽然整体货币环境较为宽松,一方面如前所述各类经济主体仍处于修复资产负债表的初始阶段,另一方面民营中小微企业的融资环境不仅没有跟随总体环境改善而改善,甚至可能仍面临不小的困难。① 因此,当前企业违约风险类似于2022年的状态,主要集中于民营企业。

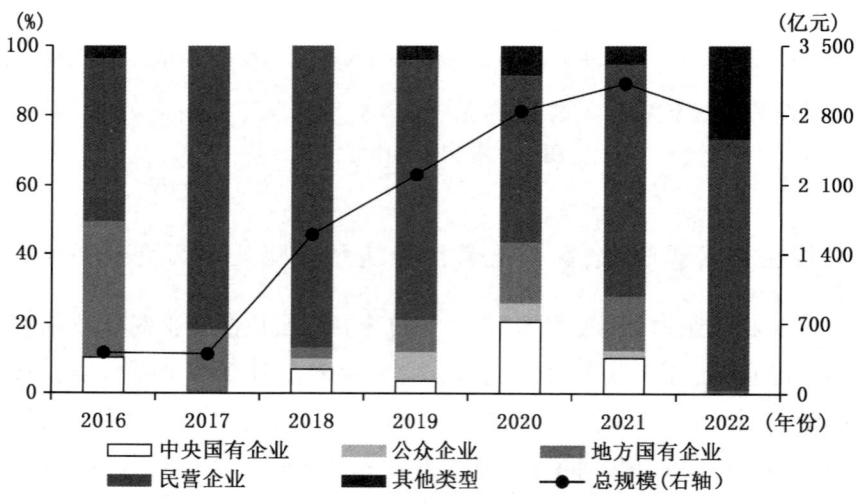

数据来源:Wind、上海财经大学高等研究院。

图13 违约债券资金占比和规模

从违约率来看(见图14),虽然民营企业的违约率自2023年3月以来有所回落,但是5月末非金融民营企业的违约率依然高达14.53%,位于2015年以来的最高区间。与之形成鲜明对比的是,不论是中央还是地方

---

① 上海财经大学校长、中国人民大学原副校长、国务院特聘专家刘元春在"第一届中国人民大学商学院EMBA长三角校友会智创未来高峰论坛"上说道:新增贷款在金融体系打转,并存在强烈的信贷资金的错配。头部国有企业贷款利率跌破1.8%,但是3.65%的政策利率没有变。民间借贷利率一路上扬,而对于普通小微企业的贷款依然维持在8%～9%。平台公司的贷款维持融资成本在10%左右,利率错位的直接后果就是套利行为会大行其道。

国有企业的违约率自2022年第一季度末达到峰值之后开始逐渐下降,5月末中央和地方国有企业的违约率均接近0。类似于企业杠杆率的变化,企业违约风险也呈现明显的分化态势。

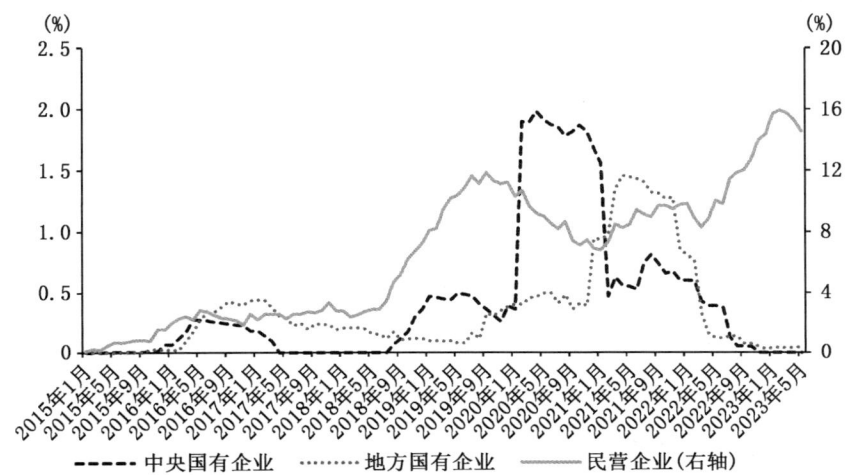

注:非金融企业债券违约率＝违约债券本息之和/(违约债券本息之和＋到期已偿还量)。其中,违约债券本息之和以及到期偿还量均为窗口期为12个月的滚动累计值。

数据来源:Wind、上海财经大学高等研究院。

图14　非金融企业债券违约率

从将要到期的非金融企业债券来看,2023年非金融企业债券的到期量约1.99万亿元,较2022年增加4 560亿元,而且2023年下半年债券的到期量较2022年同期高约3 391元,下半年兑付压力较2022年明显上升。分企业类型来看,下半年兑付压力增加最大的是地方国有企业。具体地,民营企业、中央和地方国有企业下半年债券的到期量分别较2022年同期增加了－280.9亿元、3 058.6亿元和688.5亿元。从债券兑付数据来看,下半年民营企业的违约风险可能进一步回落,但是要警惕地方国有企业违约风险的抬头。

(二)企业违约风险停止上升,但行业间呈现分化

我国企业平均违约率的上升趋势已明显放缓,以制造业和房地产业两个有代表性的行业为例(见图15),两个行业债券违约风险的变化趋势

明显分化。其中,制造业企业的违约风险上升的势头进入 2023 年以来明显放缓,截至 2023 年 4 月末,制造业企业的违约率为 11.07%,较 2022 年末上升了 0.37 个百分点。与之形成对比的是,即便是房地产业在第一季度明显反弹,但依然没有遏制住房地产企业违约风险的上升势头,截至 2023 年 4 月末,房地产企业的违约率为 18.15%,较 2022 年末上升了 2.84 个百分点,处于历史最高水平。

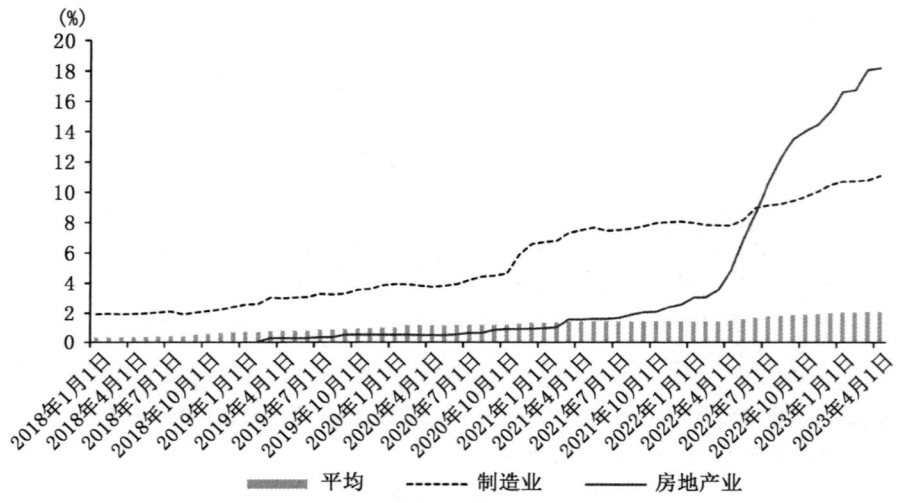

数据来源:Wind、上海财经大学高等研究院。

图 15 制造业和房地产企业债券违约率

(三)国有制造业企业违约风险有所抬头

虽然制造业企业的违约风险的上升势头有所放缓,但不论是国有企业还是民营企业的违约风险均处于历史最高区间,并且在不同企业间呈现不同的变化趋势(见图 16)。其中,民营企业的违约率依然显著高于国有企业,二者之间的差距甚至超过 30 个百分点,不过自 2023 年 3 月以来,民营企业违约风险的上升势头已经得到遏制。与民营企业违约风险变化趋势类似的是地方国有企业,进入 2023 年以来甚至呈现下降的迹象。

需要注意的是,与民营企业和地方国有企业不同的是,中央国有企业的违约风险进入 2023 年以来快速上升,截至 2023 年 4 月末,其违约率为 6.24%,历史性地超过地方国有企业 1.2 个百分点,是拉动 2023 年制造业企业违约风险的重要力量。更重要的是,越是级别高的国有企业,其规模越大,越处于上游行业,他们与为其提供配套服务的企业或者下游企业的往来资金规模通常较大。也就是说,这类企业的违约风险更可能传导至其配套企业或下游企业,或产生更大的影响。

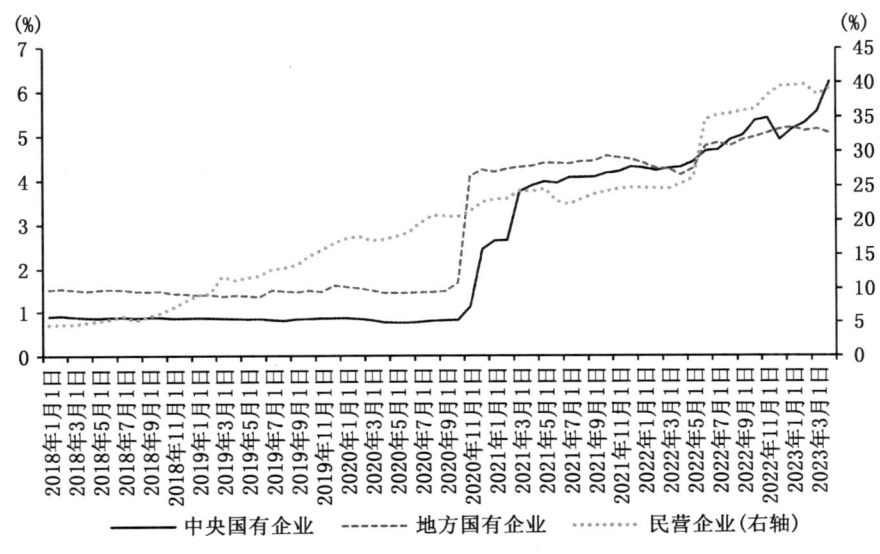

数据来源:Wind、上海财经大学高等研究院。

图 16　制造业企业债券违约率

(四)民营房地产企业违约风险持续加速上升

房地产企业违约风险在不同类型的企业间也呈现分化,其中违约风险最大的是民营房地产企业。如图 17 所示,2018 年之前房地产行业总体兑付能力较强,未出现违约事件,尤其是中央国有房地产企业一直以来保持良好的信用记录,违约率为 0。房地产企业的流动性风险自 2019 年开始显现,民营和地方国有房地产企业在 2019 年 3 月和 2020 年 9 月分别首次出现违约[①],但在 2020 年底中国人民银行、中国银行保险监督管理委员会发布《关于建立银行业金融机构房地产贷款集中度管理制度的通知》(以下简称《通知》)前,违约率分别保持在 5% 和 1% 以下。

---

① 根据 Wind 披露的数据,首次违约的民营和地方国有房地产企业分别为国购投资有限公司和天津房地产集团有限公司。

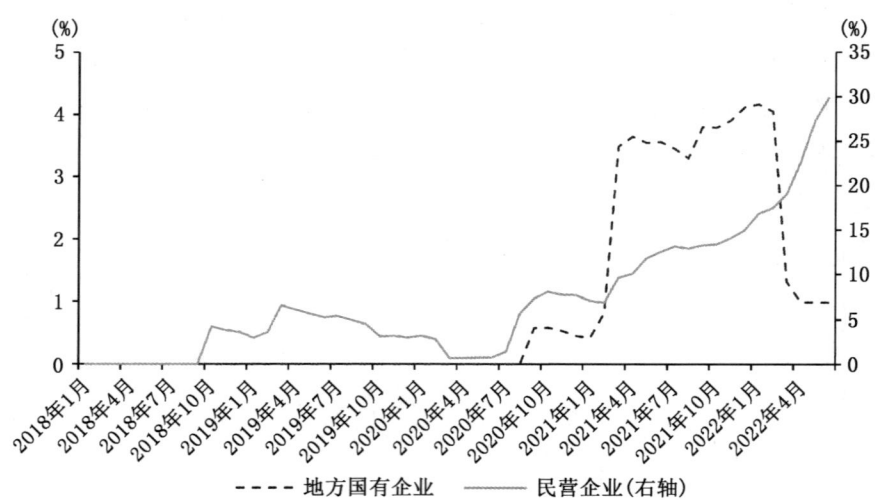

注：金融企业债券违约率＝违约债券本息之和/(违约债券本息之和＋到期已偿还量)。其中,违约债券本息之和以及到期偿还量均为窗口期为12个月的滚动累计值。

数据来源：上海财经大学高等研究院。

图 17 房地产企业债券违约率

在《通知》发布之后,房地产企业违约率开始快速上升。地方国有房地产企业的违约率在2022年2月上升到4.8%,随后开始下降,当前已基本下降为0,但未来是否会再次上升仍存在不确定性。需要注意的是,民营房地产企业自2021年4月开始快速上升,从2020年末的9.4%上升至2021年末的18.3%。随后叠加本土新冠疫情的影响,房地产销售大幅下滑,民营房地产企业的违约率再次飙升超过30个百分点。当前,虽然民营企业违约率较年初有所回落,但是民营房地产企业的违约率持续上升未见回落迹象。截至2023年5月末,民营房地产企业的债券违约率已高达51.7%。这一方面将使得民营企业整体违约率持续在高位徘徊,可能导致民营企业信用利差持续保持高位甚至再次大幅上升,对民间投资的提振产生负面影响;另一方面,与民营房地产企业相关的开发贷以及购房者的房贷均将直接或间接影响我国商业银行的资产质量,对银行系统稳定性产生影响。

(五)地方融资平台债务压力大

此外,地方国有企业中的城投平台的风险也不可忽视。从到期规模来看(见图18),2023年城投债的到期规模高达3.07万亿元,较2022年增加了5 209.5亿元,是2020年到期量的2倍,接近2018年到期量的3倍,为历史新高。虽然2023年到期的峰值在3月,但是8月的到期量为年内第二高的水平,且下半年每个月的到期量均超过2 000亿元,下半年城投平台出现违约的可能性依然存在。此外,虽然自2020年以来,利率水平下降显著,但存量债务的巨大规模,也使得城投平台的付息压力与日俱增。

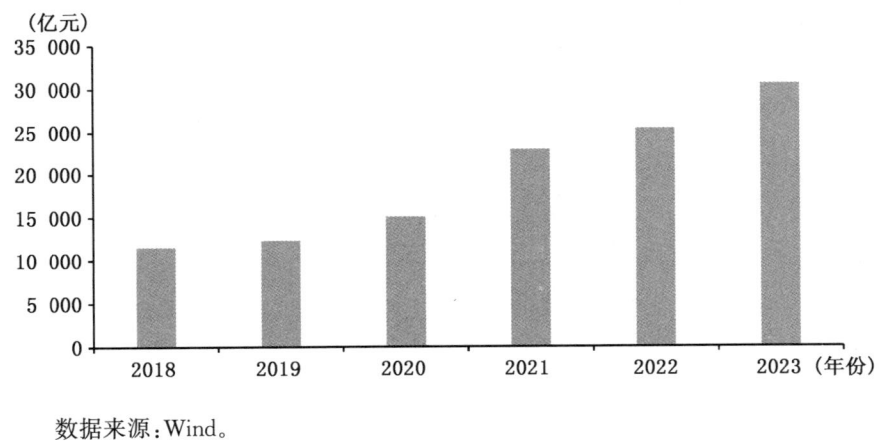

数据来源:Wind。

图18 城投平台债券到期量

分省(市)来看(见图19),2023年城投平台债券到期规模最大的5个省(市)是江苏、浙江、天津、广东和山东。虽然这些省(市)经济水平靠前、融资能力较强,但并不意味着这些省(市)的城投平台债务风险也同样较低,因为恰恰是这些省(市)成立了大量的市县级的城投平台,而这些平台的营收能力和融资能力不见得与他们所在省(市)的经济发展水平完全匹配。

从2022年各省(市)城投债务率和财政自给率的关系可以看出,财政自给率最高和最低的省(市)的城投平台债务率(城投平台有息债务余额与地方综合财力的比率)均较低,而财政自给率居中的省(市)的城投平台债务率则较高。如果以图20中的拟合线为一定财政自给率下的平均城投债务率水平,财政自给率水平居中的省(市)的城投债务率水平基本超过了平均水平。而这些省(市)的城投平台,尤其是行政级别较低的城投平台的债务风险尤其需要注意。

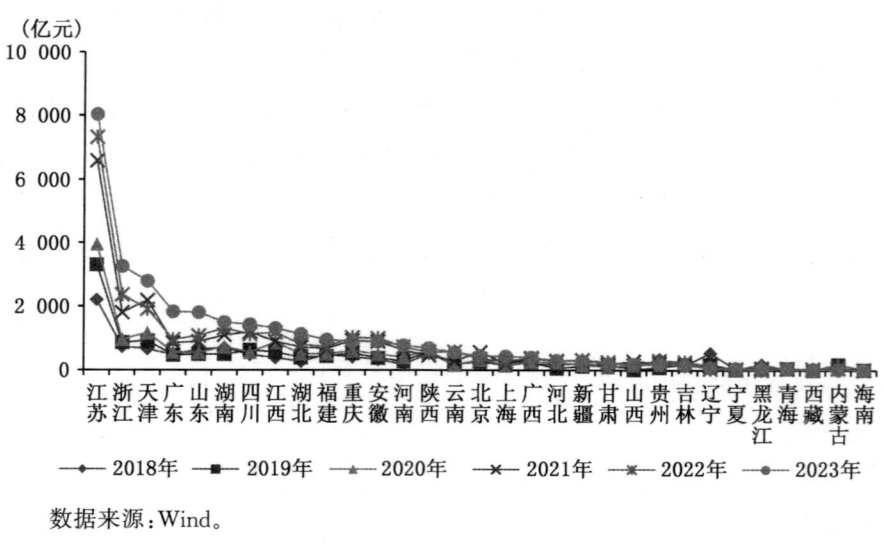

数据来源：Wind。

图 19　各省（市）城投平台债券到期量

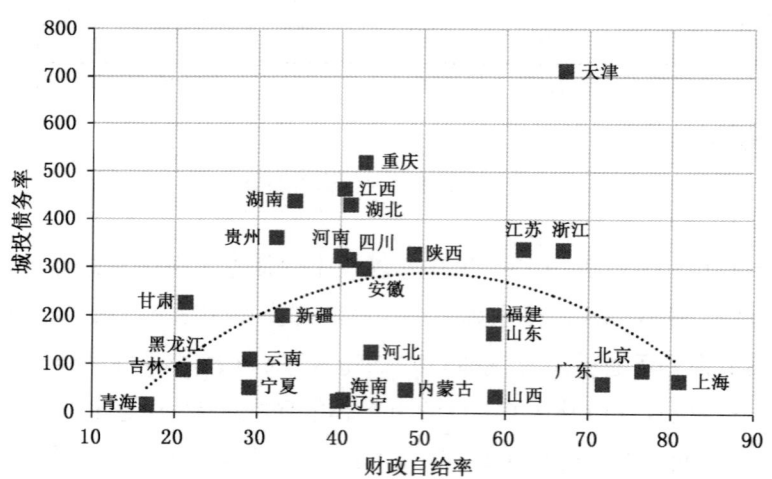

注：城投债务率＝城投平台有息债务余额/地方政府综合财力，地方政府综合财力＝一般公共预算收入＋转移性收入＋政府性基金收入、国有资本经营收入。财政自给率＝（本级税收＋非税收入）/一般公共预算支出。

数据来源：Wind、上海财经大学高等研究院。

图 20　2022 年各省（市）城投债务率和财政自给率的关系

五、银行风险高位徘徊

由于商业银行长期占据我国金融系统的主导地位,因此其稳定性对金融系统的稳定有至关重要的作用。因此,课题组通过条件在险价值模型(CoVaR)来评估我国银行系统的稳定性和识别系统重要性银行。课题组从 Wind 的股票数据库选取了 2015 年 1 月 1 日至 2023 年 5 月 31 日在沪市或深市上市至少一年的商业银行作为样本数据,共计 43 家商业银行。[1] 截至 2022 年年末,这 43 家银行的总资产占我国商业银行资产总额的比例高达 80.8%[2],代表性良好。在估计银行系统以及各家银行的 VaR 和 CoVaR 系数时,课题组采用 43 家上市银行后复权日收盘价来计算的各家银行的日收益率表示各银行的运行情况,用中证沪深 300 商业银行全收益指数日收盘指数来计算的日收益率表示银行系统的运行情况。

首先,当单家银行受到外部冲击时,课题组估算了每家银行自身将受到的损失,即在险价值(Value at Risk,VaR)。但是,VaR 并没有考虑单家银行风险溢出的影响,即单家银行遭受冲击并发生损失时引起的系统中其他银行产生的损失。为了考察每家银行在遭受冲击时的风险溢出效应,课题组还估算了每家银行的条件在险价值(Conditional Value at Risk,CoVaR),并计算了 ΔCoVaR/VaR 来衡量每家银行自身遭受将产生最大损失的外部冲击时,其引发的系统中其他银行的损失与其造成的总损失的比例。[3]

图 21 展示了 5% 置信水平下银行自身受到使其产生最大损失的外部冲击时,对系统中其他银行产生的影响占其总损失的比例,即个体风险导致的风险溢出水平。从其变化趋势来看,银行风险溢出水平在 2021 年和 2022 年持续上升,而进入 2023 年后上升的趋势虽然有所缓解,但依然在高位徘徊。需要注意的是,加权平均值和简单平均值之差自 2022 年第三季度

---

[1] 按照证监会行业分类,目前我国的上市银行共 43 家,其中包括 6 家大型国有商业银行、9 家股份制银行和 28 家城市商业银行或农村商业银行。

[2] 截至 2022 年年末,43 家样本银行资产总和约为 252.57 万亿元,我国商业银行资产总和约为 312.75 万亿元。

[3] ΔCoVaR=CoVaR—VaR,表示每家银行风险溢出的影响。

开始变大,这意味着虽然银行个体风险溢出率保持稳定,但是不同规模的银行之间开始出现分化,即规模越大的银行,其风险溢出水平上升越快。

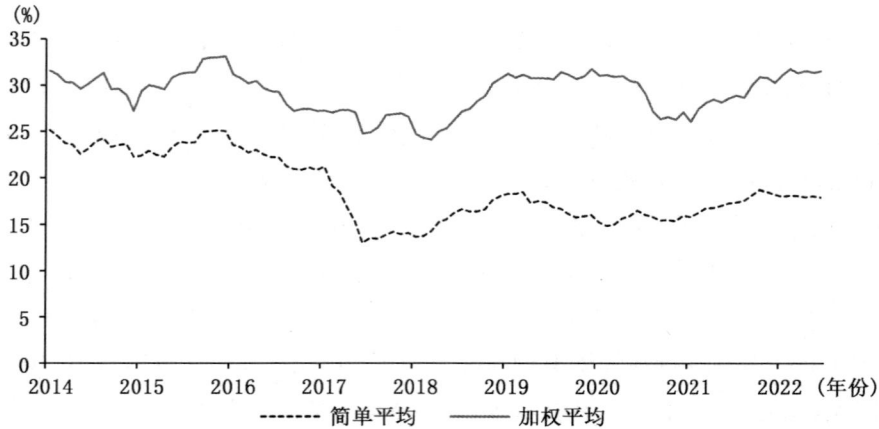

注:(1)课题组利用 2015 年 1 月开始的数据,以 1 个月为滚动窗口,利用当月之前 36 个月的日交易数据计算当月的风险溢出比例。其中,每个月的样本银行上市的时间均超过 1 年,加权平均风险溢出水平以银行总资产规模为权重计算。

(2)课题组还做了两组稳健性检验:第一,课题组计算了置信水平为 10% 时的风险溢出比例时间序列,结论与置信水平为 5% 时基本一致;第二,课题组通过改变滚动窗口的长度,也得到类似的结论。

数据来源:Wind、上海财经大学高等研究院。

图 21　上市银行风险溢出比例——单家银行自身遭受外部冲击时

如图 22 所示,规模相对较大的国有大型商业银行的风险溢出水平自 2021 年以来持续上升,但中等规模的股份制商业银行以及规模相对较小的城市和农村商业银行的风险溢出水平自 2022 年以来均稳中微降。需要注意的是,虽然当前城市和农村商业银行的风险溢出率水平依然低于大型国有和股份制商业银行,且持续 5 年的上升趋势有所收敛,但从其自身的水平值来看,仍超过 2017 年金融系统去杠杆之前的水平。而国有大型商业银行的风险溢出水平已上升至 2014 年以来的最高水平,且在高位徘徊将近 3 个季度未显示出任何回落的迹象。特别是注意到大型国有商业银行巨大的体量,持续高位徘徊的风险溢出比例意味着即使不考虑风险传染的影响,在其遭受冲击时可能给金融系统造成的总损失的程度是非常大的。

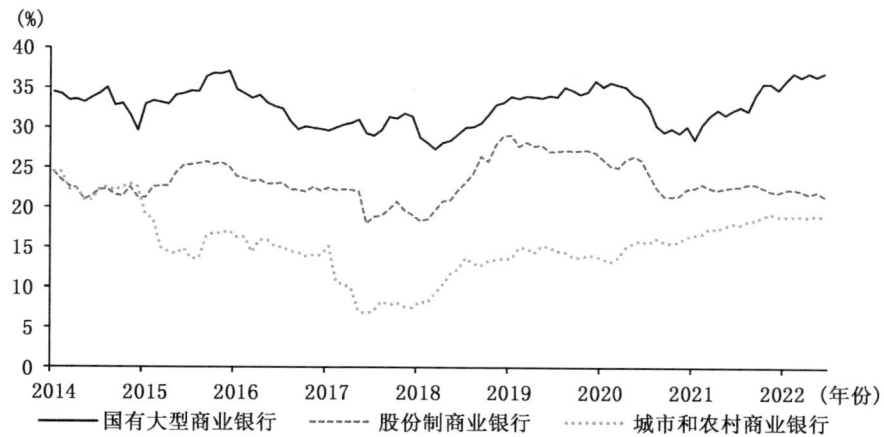

注：图中各类型银行的风险溢出比例均为资产规模为权重的加权平均值，课题组还对各类型银行的风险溢出比例计算了简单平均值，其趋势与此图类似。

数据来源：Wind、上海财经大学高等研究院。

图22 不同所有制性质上市银行风险溢出比例——单家银行自身遭受外部冲击时

此外，课题组还考虑了当整个银行系统遭受将使其产生最大损失的外部冲击时，在不考虑各银行会产生反馈式风险溢出的情况下，系统性冲击对每家银行造成的损失（即在险价值，VaR），以及在考虑各银行会产生反馈式风险溢出的情况下，系统性冲击给各家银行造成的损失（即条件在险价值，CoVaR），并计算了反馈式风险溢出程度（即条件在险价值与在险价值之差，$\Delta\text{CoVaR}=\text{CoVaR}-\text{VaR}$）和风险溢出率（$\Delta\text{CoVaR}/\text{VaR}$）。

图23分别展示了当我国商业银行受到系统性冲击时，我国上市银行遭受的损失中因为溢出效应导致的损失所占的比例。从图中可以看出，自2020年第一季度后，我国商业银行在面临系统性冲击时，风险溢出率变动的方向发生了明显的改变，风险溢出的简单平均值和加权平均值持续上升的势头直至2022年第四季度才有所缓解，但当前依然在高位徘徊。需要注意的是，当前我国经济复苏的基础尚不牢固，面临需求复苏慢于供给恢复、预期恢复乏力等压力，商业银行面临系统性风险时对系统内其他银行的风险溢出并没有减少的迹象，银行系统的整体脆弱性还没有明显改善的迹象。

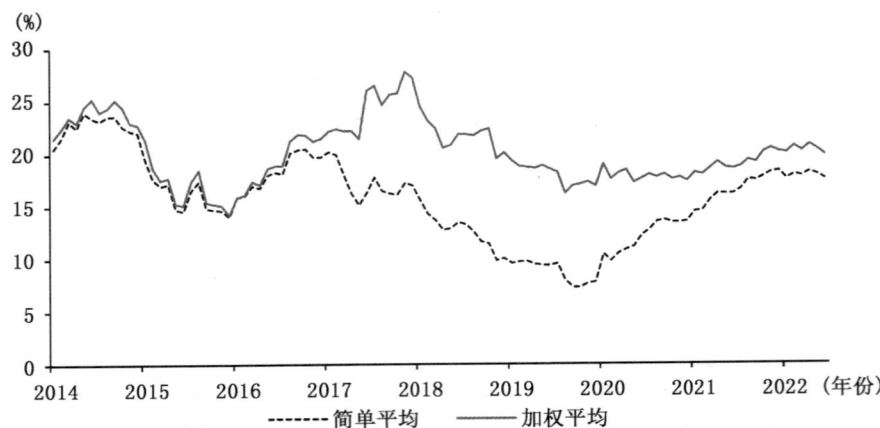

注:(1)课题组利用 2015 年 1 月开始的数据,以 1 个月为滚动窗口,利用当月之前 36 个月的日交易数据计算当月的风险溢出比例。其中,每个月的样本银行上市的时间均超过 1 年,加权平均风险溢出水平以银行总资产规模为权重计算。

(2)课题组还做了两组稳健性检验:第一,课题组计算了置信水平为 10% 时的风险溢出比例时间序列,结论与置信水平为 5% 时基本一致;第二,课题组通过改变滚动窗口的长度,也得到了类似的结论。

数据来源:Wind、上海财经大学高等研究院。

图 23　上市银行风险溢出比例——银行系统遭受外部冲击时

进一步地,图 24 展示了国有大型商业银行、股份制银行以及城市和农村商业银行在面临系统性冲击时的风险溢出水平。图中显示,在遭受系统性冲击时,国有大型商业银行、股份制商业银行、城市和农村商业银行的风险溢出率已收敛至同一水平,且均位于 2019 年以来的高位。这主要是城市和农村商业银行面临系统性风时其风险溢出比例自 2020 年第二季度开始连续 24 个月持续上升后在高位徘徊超过 12 个月的结果,中小型商业银行在面临系统性风险时对系统内其他银行的影响程度很可能远超过其资产在系统中的地位,这从美国硅谷银行和第一签名银行发生流动性危机时对美国银行系统的冲击便可见一斑。

当前我国经济已完成疫情之后的社会修复和交易修复阶段,但企业,尤其是民营企业和房地产企业,经营困难依然较大,且 2023 年债务偿付压力较大,违约风险再次上升。家庭收入增速依然低于 2019 年的同期水平,且就业市场活力不足引发的家庭主动缩表、提前还贷等,使得银行面

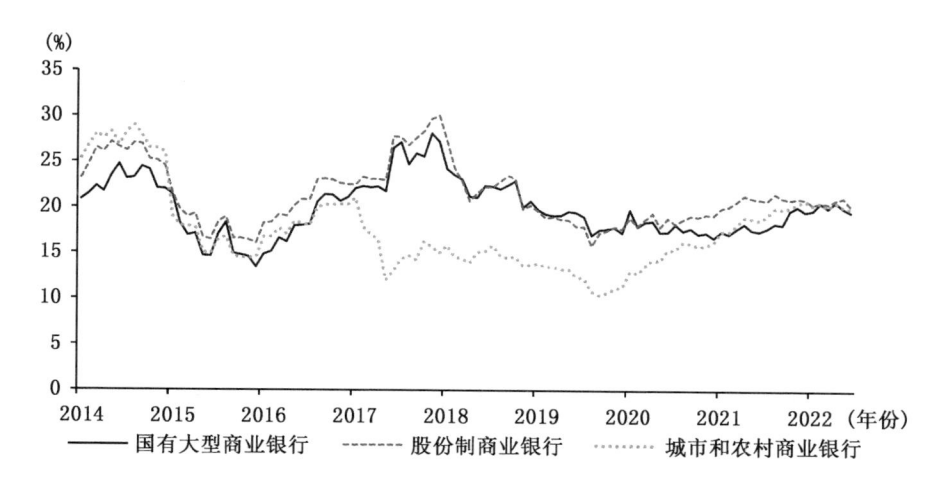

注：图中各类型银行的风险溢出比例均为资产规模为权重的加权平均值，课题组还对各类型银行的风险溢出比例计算了简单平均值，其趋势与此图类似。

数据来源：Wind、上海财经大学高等研究院。

图 24　不同所有制性质上市银行风险溢出比例——银行系统遭受外部冲击时

临低风险资产规模收缩等调整，经营压力再次增大。加上为支持经济复苏而采取的加大对中小微民营企业的扶持力度，如图 25 所示，国有大型商业银行的普惠型小微企业贷款的增速自 2019 年年末以来均高于行业平均水平，银行资产风险敞口有所加大，使得大银行的风险溢出水平上升，对金融系统的稳定作用减弱。[1] 这意味着我国各类商业银行在遭遇系统性风险时，对金融系统的风险溢出率均有再次大幅上升的可能性。

以上最新数据的分析结果显示，当前大型国有商业银行面临系统性风险时的风险溢出水平虽然不再持续上升，但持续在高位徘徊。此外，城市和农村商业银行已接近股份制银行的风险溢出水平，其系统重要性很可能在不久的将来居于首位。因此，为了应对不论是来自个体的冲击还是来自系统的冲击，在国内经济恢复在部门间以及区域间呈现分化且基础尚不牢固的背景下，一方面需要密切关注国有大型商业银行的稳定性，另一方面也需要关注城市和农村商业银行风险溢出的变化，警惕个别银行的问题给整个金融系统造成的恐慌及其不利影响。

---

[1]　根据《中国银保监会办公厅关于 2019 年进一步提升小微企业金融服务质效的通知》，国有大型商业银行均大幅提升了对小微企业贷款的投放力度。

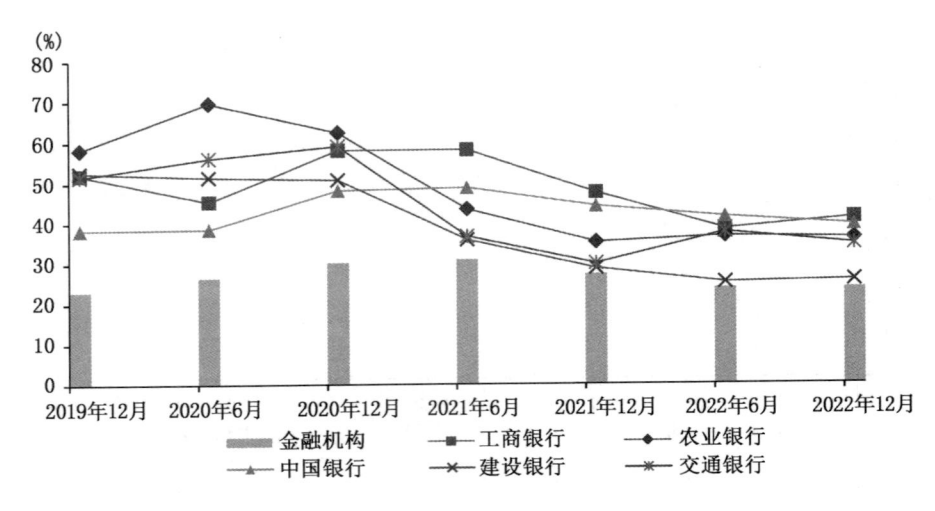

数据来源：Wind。

图 25　国有大型商业银行普惠型小微贷款同比增速

六、结语

从 2023 年初开始，我国经济社会全面恢复常态化运行，虽然经济逐步复苏，但需求的复苏慢于供给的恢复，国际政治经济条件依然处于收紧状态，这使得复苏基础不够稳固，不确定性下降的速度不及预期，信心的恢复不是特别强劲。这使得我国经济在步入更为稳健的复苏过程中，依然面临不小的挑战。

当前我国货币环境总体较为宽松，2023 年以来各类利率水平均有所下降，特别是实体部门融资价格下降明显，M2 和社会融资规模的增速稍高于经济的实际增速和价格水平增速之和。但值得注意的是，实体部门中融资需求并没有因此全面复苏，特别是家庭部门的融资需求大幅下降，这也使得房地产及其产业链上的相关行业复苏缓慢，转而反馈至劳动力市场和家庭部门，导致货币政策传导效率有所下降，货币政策的作用较之前常态化时期的时滞更长、摩擦更大。也就是说，在货币政策边际效用逐渐减小的背景下，需要财政政策更为积极地为经济稳步复苏保驾护航。

但是，2023 年上半年全国一般公共财政收入的增速虽然呈现前低后高的趋势，但 2022、2023 两年的上半年全国公共财政收入增速的平均值为 0.87%，显著低于 2019 年之前的水平。在赤字率不变的情况下，财政政策发挥的空间有限。特别是从地方财政层面来看，多数省（市）2023 年上半年一般公共财政收入增速低于 2020 年、2021 年同期的平均水平以及 2019 年的同期水平；而且一般公共财政收入下降的省（市）主要集中在长三角、珠三角以及四川等我国经济体量较大以及地方债务规模较高的省（市），这给地方财政造成不小的压力。

政府性基金方面，2023 年上半年全国政府性基金收入累计同比下降 16%。其中，中央政府和地方本级政府性基金收入累计同比分别增加了 0.8 个百分点和下降了 17.2 个百分点。在一般公共财政收入增速下降的背景下，政府基金性收入增速的大幅下降很大程度上限制了政府性基金的支出端发力。其中，导致政府性基金收入增速大幅下降的主要原因是，占政府性基金收入 86.54% 的国有土地使用权出让收入增速的大幅下降。具体地，2023 年上半年国有土地使用权出让收入累计同比下降 20.9 个百分点。分省（市）看，上半年国有土地使用权出让收入实现正增长的只有 10 个省（市），所有 30 个省（市）的 2022 年、2023 年上半年的两年平均国有土地使用权出让收入增速均为负值，只有新疆的两年平均增速比 2019 年同期水平高，国有土地使用权出让收入增速的下降对各地方政府财政能力形成新的制约。

持续宽松的货币环境叠加尚未稳固复苏的经济以及受制约的地方财政能力，使得宏观杠杆率达到自 2015 年以来的新高。分部门看，大部分债务集中在非金融企业部门。特别是民营企业、房地产业和地方融资平台的债务风险均依然处于高位，使得复苏的进程在各行业、各区域间呈现不同程度的分化，这对金融系统风险的收敛形成了一定的拖累。具体地，当前国有大型商业银行面临系统性风险时的风险溢出水平虽然不再持续上升，但持续在高位徘徊。此外，城市和农村商业银行已接近股份制银行的风险溢出水平，其系统重要性很可能在不久的将来居于首位。金融风险的防范和化解既要密切关注系统重要性金融机构，也要防微杜渐，谨防局部风险扩大化。

第二章

大国博弈环境下的外贸结构调整

一、大国博弈主导了后疫情时代的外贸表现

近年来,外贸环境严峻复杂。一方面,美国、欧洲等主要市场仍处于高通胀环境和加息周期中,市场需求和出口增长空间受阻;另一方面,全球贸易保护和中美贸易脱钩常态化、复杂化,甚至成为政治对抗的工具,使得国际政治、经济环境呈现较高的不确定性。高不确定性不仅损害存量贸易,也将对企业数量、产品数量以及贸易伙伴数量产生不利影响,阻碍出口的包容性增长。更为重要的是,持续的逆全球化浪潮、政治冲突以及新冠疫情等突发事件均凸显了全球化生产的脆弱性,各国更加注重产业链供应链的安全性和完整性,全球产业链供应链仍处于多元化、区域化和友邦化的调整进程中,中国外贸同时面临需求收缩和供应链外移的风险。

中国已经连续数年保持世界第一出口大国地位。疫情防控期间,中国进出口凭借前期较好的疫情防控措施和健全的供应链实现了全球份额的进一步扩张。2020—2021年,中国货物出口占全球货物出口的份额分别上升了1.53个和0.35个百分点。然而,随着疫情红利褪去,较大的市场份额和复杂严峻的外部环境也意味着出口份额持续增长的空间越来越

受到限制。更为重要的是,新冠疫情的全球大流行凸显了全球生产的脆弱性,美国和欧盟等经历过外包的发达经济体开始意识到产业链完整和产业链安全的重要性。而中国超强的工业产能成为疫情后发达经济体产业链结构调整和重塑的重要目标。根据中国工业和信息化部的数据,2022年中国制造业增加值占全球比重约30%,连续13年位居全球第一。其中,在500种主要工业产品中,中国有四成以上产品的产量位居世界第一,且中高端产品供给能力显著增强。从具体产品看,中国垄断了全球原料药产能的1/3,制造了80%的太阳能电池板,中国台湾生产了92%的微型先进半导体。

2022年,随着各国供应的逐渐恢复,中国出口占全球份额小幅下降0.6个百分点,2023年延续了这一趋势。2023年1—5月,中国进出口(美元计价)同比增长−2.8%,其中,出口同比增长0.3%,进口同比增长−6.7%,考虑到复杂严峻的国际形势和其他国家的外贸表现,中国出口增速表现出较大的韧性。制度型开放政策和外贸结构的适应性调整是出口韧性的主要来源:第一,"一带一路"倡议等制度型开放政策取得一些成果,成为稳外贸市场的一个重要途径。2023年1—5月,中国与"一带一路"沿线国家进出口贸易额达到5.78万亿元,增长13.2%,高于整体进出口增速8.5个百分点。其中,对"一带一路"沿线国家出口3.44万亿元,增长21.6%,高于整体出口增速13.6个百分点;从"一带一路"沿线国家进口2.34万亿元,增长2.7%,高于整体进口增速2.2个百分点。《区域全面经济伙伴关系协定》(RCEP)的全面实施进一步巩固了中国与亚太国家的区域贸易,使得中国与亚太地区的产业链联系更加紧密,加强了中国在亚太区域贸易中的中心地位。此外,跨境电商等新型贸易形态对外贸增速起到支撑作用。跨境电商综试区是促进贸易便利化的重要制度。目前,中国跨境电商综试区已达到165个,覆盖全面,呈现蓬勃发展生机和后发展动能。第二,外贸结构的适应性调整。对于一些低附加值行业,如皮革制品、箱包、服装及衣着附件、鞋靴等,其出口产品的比较优势逐渐丧失,存在较为明显的产业链外迁现象,加工贸易份额不断下降。中国的低附加值产业主要转移至东南亚国家,但这一产业链转移并不是全面转移,而是伴随着中国的产业转型升级,中国将产业链逐步延长至东南亚国家,中国企业成为越南等国企业的上游供应商,实现了出口产业的利润增值和转移升级,增强了中国与亚太区域国家的贸易联系。除此以外,中国外贸还向高端、智能化、绿色化方向转型升级,加强服务贸易和数字贸易发展。贸易结构的不断优化有效抵御了外部冲击(中美加征关税、全球供应链重塑等)对中国进出口的影响,展现了中国外贸的韧性和活力。2023年前5个月,电动载人汽车、锂电池、太阳能电池"新三样"产品出口快速增长,拉动中国出口整体增长2个百分点。

进口方面,国内生产需求不足是制约进口增速的关键因素。尽管稳定经济的政策持续发力,部分贸易协议生效,助力进口增速回稳,但国内生产复苏放缓仍对进口增速形成压制。2023年1—4月,全国规模以上工业企业实现利润同比下降20.6%,生产企业盈利不佳促使企业继续去库存降内需。同时,外需萎缩也进一步压低进口增速。从产品类别看,美国发起的半导体制裁和俄乌冲突是进口下降的主要原因。受美国对中国半导体制裁的影响,中国的集成电路和半导体制造设备进口大幅下降24.6%,其占总进口比重约为15.87%,拖累进口增速下降3.9个百分点。此外,受俄乌冲突的影响,原油价格比2022年同期下降22.3%,拖累原油进口额下降10.4%。原油进口的下降主要源于原油进口价格的下降,而原油需求量相比2022年同期有所增长。可见,进口增速的大幅下降主要源于中美经贸脱钩和地缘政治风险冲击,这些具有较高不确定性的外部冲击使得本已疲弱的进口需求雪上加霜。

2023年1—5月,全国进出口增速逐步放缓(见图26)。受国内外需求收缩以及2022年较高的基数影响,出口和进口增速均持续回落,进口增速慢于出口增速,贸易顺差较2022年同期有所上升。1—5月进出口总额为24 412.3亿美元,同比下降2.8%。其中,出口总额为14 003.5亿美元,同比增长0.3%;进口总额为10 408.8亿美元,同比下降6.7%;顺差为3 594.8亿美元,扩大27.8%,比2022年同期增加782.1亿美元。其中,5月进出口数据走低最主要的原因是前期订单积压效应基本消失,海外需求仍处于收缩阶段,同时叠加2022年同期高基数效应的影响,5月出口增速大幅回落。受人民币兑美元汇率持续贬值的影响,以人民币计价的进出口增速略高于以美元计价的进出口增速。1—5月进出口总额人民币值为167 714.1亿元,同比增长4.7%。其中,出口总额为96 214.0亿元,同比增长8.1%;进口总额为71 500.1亿元,同比增长

0.5%;顺差为24 713.9亿元,比2022年同期增加6 900.27亿元。国际服务贸易增速有所回升。其中,服务贸易出口增速远低于其进口增速,导致服务贸易逆差较2022年同期进一步增大。国家外汇管理局的统计数据显示,2023年1—4月,服务贸易总额为2 845.1亿美元,同比增长1.6%。其中,服务贸易出口总额为1 103.0亿美元,同比增长-13%;服务贸易进口总额为1 742.1亿美元,同比增长14%;服务贸易逆差为639.2亿美元,比2022年同期增加381.6亿美元。

数据来源:海关总署。

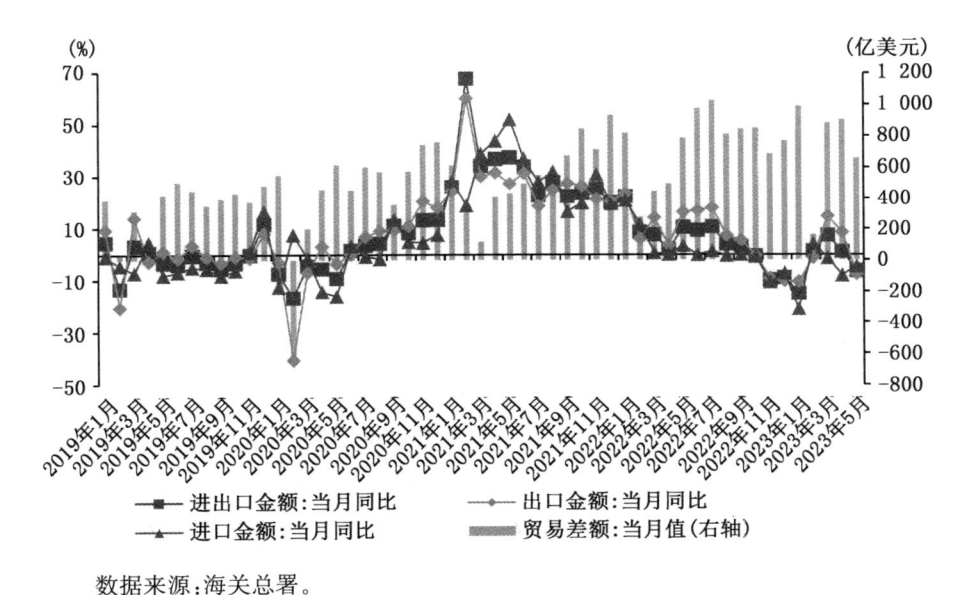

图26 2019年以来我国进出口增速及贸易差额变化①

2023年1—4月,出口价格指数和出口数量指数略有分化,但均呈现趋势性下降态势,反映出外部需求仍处于收缩通道(见图27)。出口价格指数基本保持平稳并略有下降,考虑到同期人民币相对美元大幅贬值7.6%,实际以美元计价的出口价格指数也呈现持续下降的趋势,且降幅超过以人民币计价的出口价格指数。出口数量指数维持低位运行并在3—4月出现反弹,反映了出口需求的低迷及其较大的波动性。从2023年3月开始,出口数量指数运行恢复至100以上,4月出口数量指数增至

---

① 2021年2月,出口增速高达154.3%,为了消除该月出口增速的巨大波动性,该月增速数据被替换为其累计增速60.21%。

110.9,但 5 月出口数量又出现回落,反映出短期国际需求有所恢复但仍面临极大的波动性和不确定性。出口价格方面,在世界经济增长放缓和地缘政治影响下,集装箱运输市场供需基本面转弱,市场运价面临下行压力,出口成本降低。同时,人民币兑美元汇率大幅贬值也对以人民币计价的出口价格起到了支撑作用。分产品来看,纺织类产品的出口价格指数相对较低,出口价格指数主要由机电产品出口价格指数带动(见图 28)。出口数量指数在不同类型的产品中表现基本一致(见图 29),其中,纺织品出口数量比机电产品出口数量具有更大的波动性,是出口数量波动的重要原因。

数据来源:海关总署。

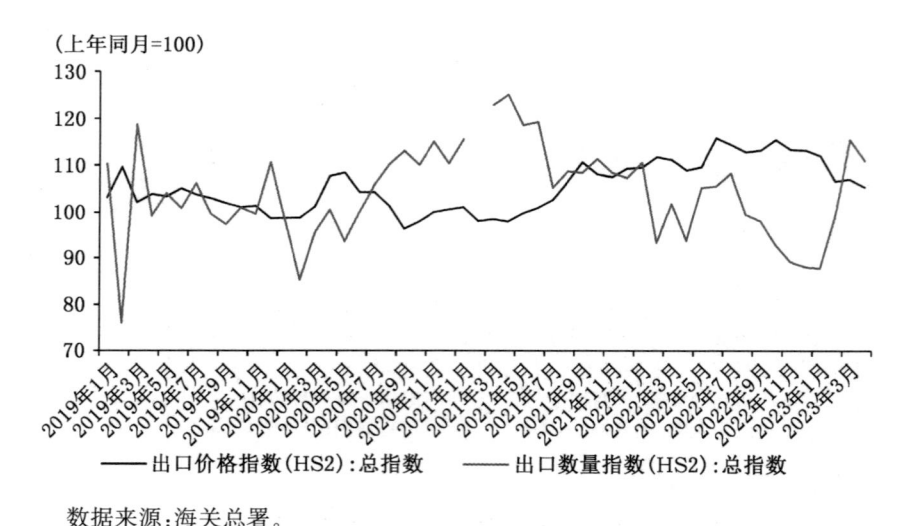

图 27 2019 年以来我国出口价格指数和数量指数走势[①]

2023 年 1—4 月,进口价格持续下降,进口数量波动式走高(见图 30)。进口价格的下降主要受国际大宗商品价格波动的影响,能源、工业原料和农产品价格均出现不同程度的下降。海外经济体需求下行导致国内石油、化学原料相关行业价格整体趋于下行。受 2022 年同期基数的影响,进口数量在 3—4 月出现较大波动,但这一波动并不能说明国内需求改善。若剔除 2022 年同期基数的影响,3—4 月的两年年化进口数量指

---

① 由于 2021 年 2 月的出口数量指数高达 244.6%,为了消除当月极高增速带来的波动性,因此把 2021 年 2 月作为空值处理。图 29 也做了类似处理。

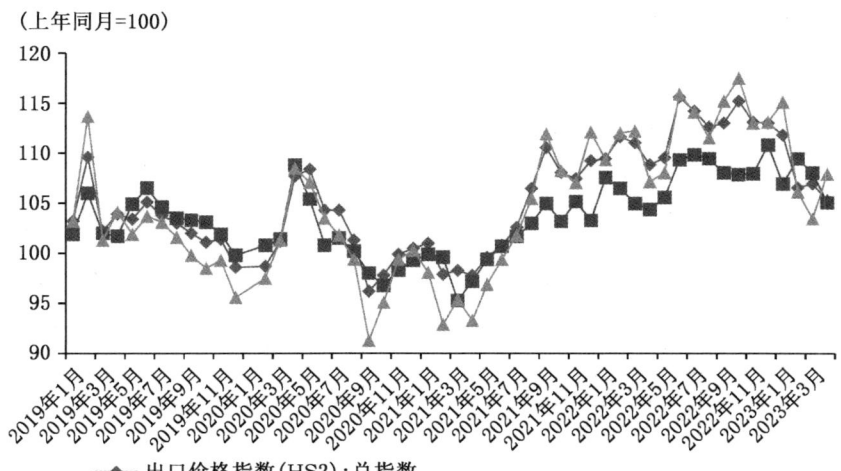

第二章　大国博弈环境下的外贸结构调整

数据来源：海关总署。

图 28　2019 年以来我国出口价格指数及其主要分项走势

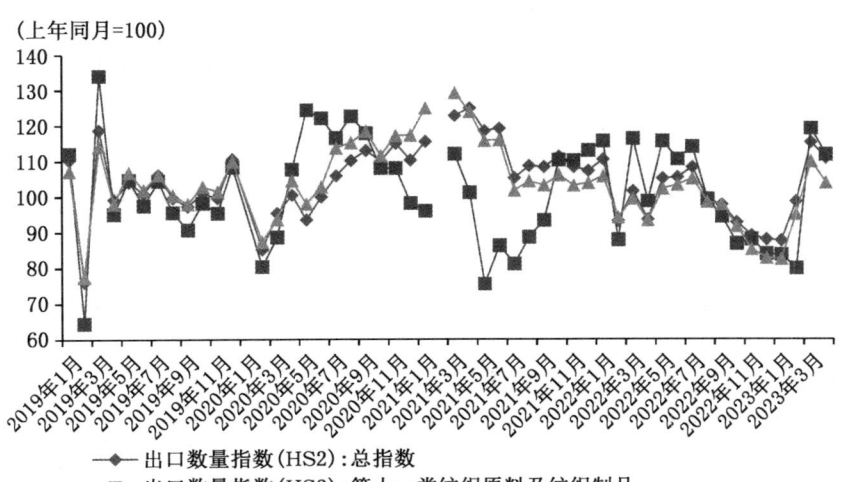

数据来源：海关总署。

图 29　2019 年以来我国出口数量指数及其主要分项走势

(上年同月=100)

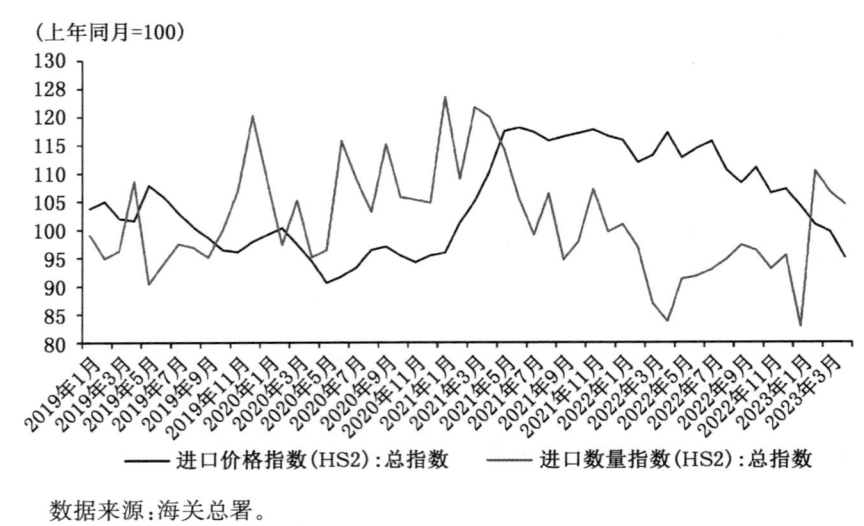

图30 2019年以来我国进口价格指数和数量指数走势

数据来源：海关总署。

数仅有96.2和93.5,说明进口需求仍然处于较低水平。分产品来看,矿产品的进口价格指数相对较低,机电类产品的进口价格走势相对平稳,进口价格指数下降主要由矿产品进口价格指数带动(见图31)。矿产品进口数量的增速保持在相对较高的水平,机电产品进口数量也呈现恢复态

(上年同月=100)

数据来源：海关总署。

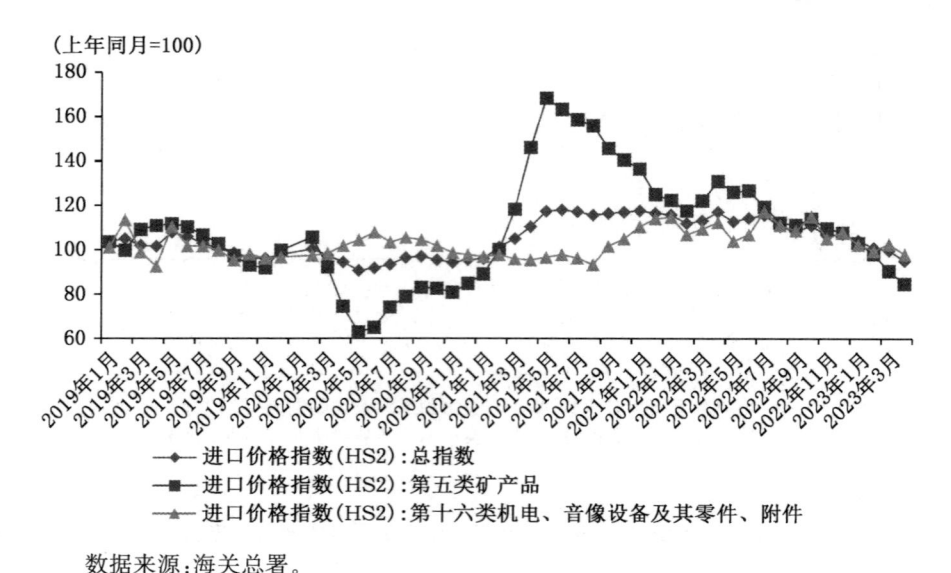

图31 2019年以来我国进口价格指数及其主要分项走势

势(见图32)。集成电路和半导体制造设备的进口占总进口比重15.87%,拖累进口增速下降3.9个百分点。此外,原油价格下降幅度远超原油进口额下降幅度,原油价格波动是拖累进口下降的又一重要原因(见图33)。

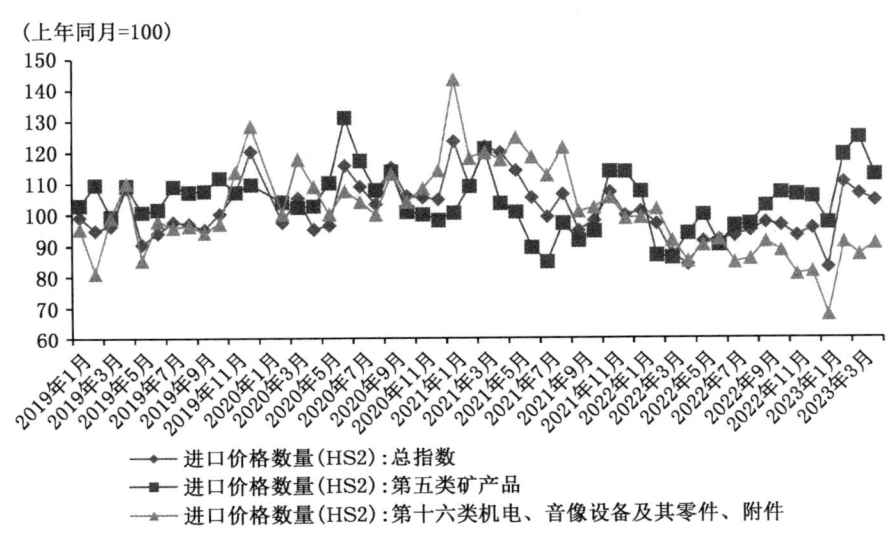

数据来源:海关总署。

图32 2019年以来我国进口数量指数及其主要分项走势

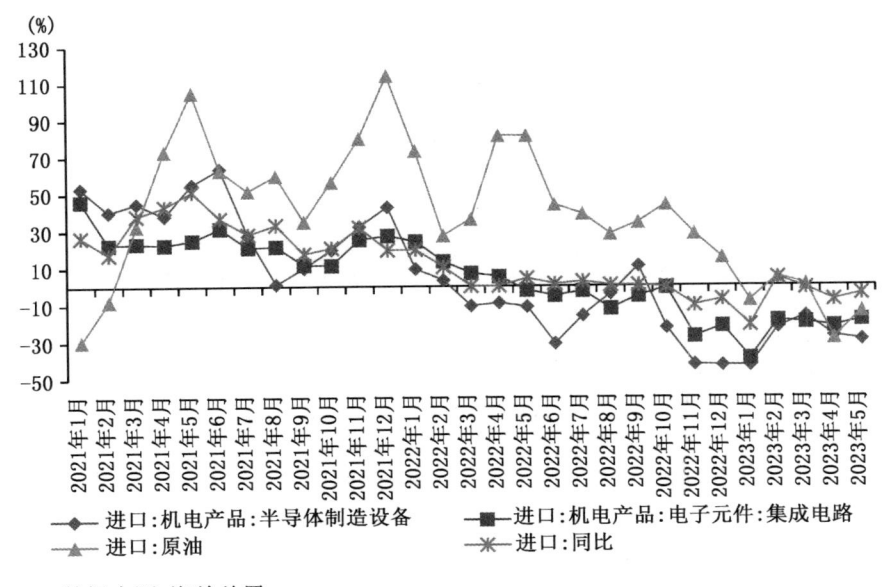

数据来源:海关总署。

图33 2021年以来我国重要商品进口数量增速

分贸易方式来看,加工贸易增速和一般贸易增速继续分化,加工贸易增速持续低于一般贸易增速(见图34、图35)。2023年前5个月,我国一般贸易进出口总额为11万亿元,增长7%,占我国外贸总值的65.6%,比2022年同期提升1.4个百分点。同期,加工贸易进出口总额为2.99万亿元,比2022年同期下降9.3%,占我国外贸总值比重继续下降。正如课题组一直强调的,中国出口结构不断调整以适应不断变化的国际贸易环境,随着中国出口规模的不断扩张和国内外多种冲击的影响,中国的贸易产业链在不断转型升级,加工贸易两头在外,产业链相对一般贸易更长、国内附加值更低,加工贸易产品对贸易成本变化的敏感性和不稳定性也更高。同时,加工贸易较低的国内附加值也导致其竞争优势不断下降。因此,在贸易结构调整的过程中,附加值相对较低的加工贸易逐渐转移至东南亚国家及其他国家,仅有部分核心环节和较高附加值的环节仍然保留在国内,因此,加工贸易出口占比从2011年的44%下降至2023年前5个月的17.8%。

数据来源:海关总署。

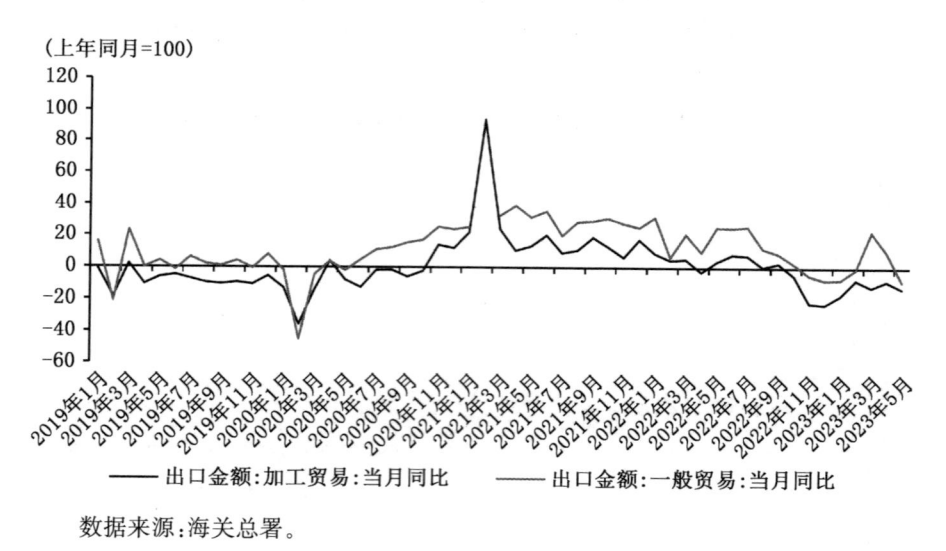

图34 2019年以来我国不同贸易方式出口增速

(上年同月=100)

数据来源：海关总署。

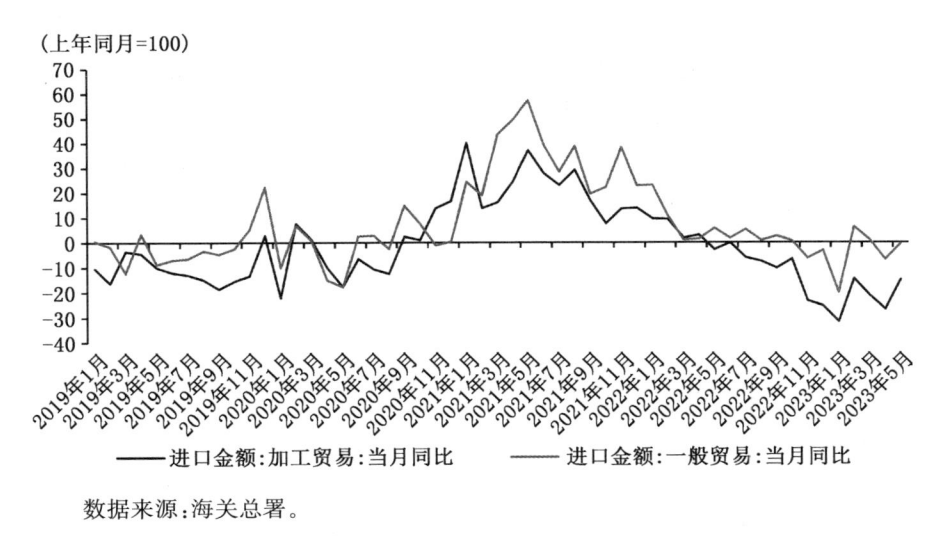

图35　2019年以来我国不同贸易方式进口增速

分地区来看，2023年1—5月，中国与主要贸易伙伴国的进出口增速出现大幅分化，是后疫情时代中美博弈主导贸易格局的一个重要体现（见图36、图37）。出口方面，受发达经济体通货膨胀和加息导致的需求疲弱的影响，中国对美国、欧盟的出口均出现负增长。而中美在经贸领域的持续脱钩导致中国对美国出口增速大幅下降15.3%。与此同时，中国加大了与东盟、南非、俄罗斯等"一带一路"沿线国家的贸易往来。1—5月中国对东盟和南非的出口增速分别高达7.1%和17.5%，有效对冲了中美脱钩和来自发达国家的需求收缩风险。中国对俄罗斯出口的大幅增长源于俄乌冲突和中美大国博弈的共同影响。中国香港实行盯住美元的联席汇率制度，2023年1—4月，美元实际有效汇率相对2022年同期升值4.2%，带动港元汇率相对其他货币持续升值，这进一步恶化了本已步入下行通道的香港经济，并对香港的转口贸易产生负面影响，拖累中国内地对香港的出口增速。进口方面，南非、俄罗斯等"一带一路"沿线国家仍然是稳定进口的重要来源，而中国从韩国、日本、中国台湾、东盟等亚太国家和地区的进口则拖累了整体进口增速。中国从俄罗斯进口扩张主要源于石油、天然气等能源产品和部分农产品的进口扩张，中国从南非的进口扩张主要源于铁矿石等矿产品和玉米等农产品的进口扩张。1—5月中美大国博弈对亚太区域贸易产生负面影响，中国从韩国、日本、中国台湾的进口出现大幅下跌。受美国领导的半导体联盟对中国禁运芯片及相关产品的影响,中国的芯片进口在 2023 年前 5 个月下降了近 20％,其中,韩国、中国台湾是重要的进口来源地,芯片拖累中国从韩国、中国台湾的整体进口增速分别下降 26.7％和 26.2％。[①] 受中美经贸脱钩及亚太地区产业关联的影响,亚太经济体的出口相比遭受通胀和加息冲击的欧美经济体的出口呈现更大幅度的下降。

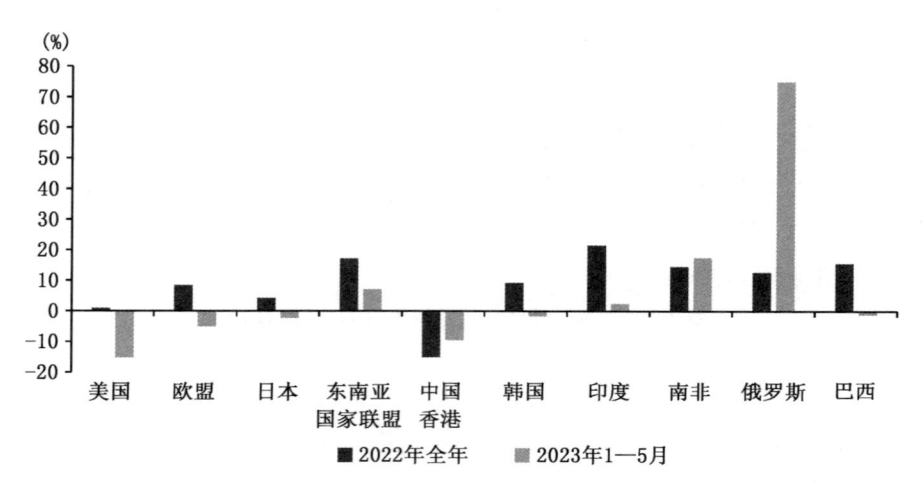

图 36 中国对主要出口国(地区)贸易增速

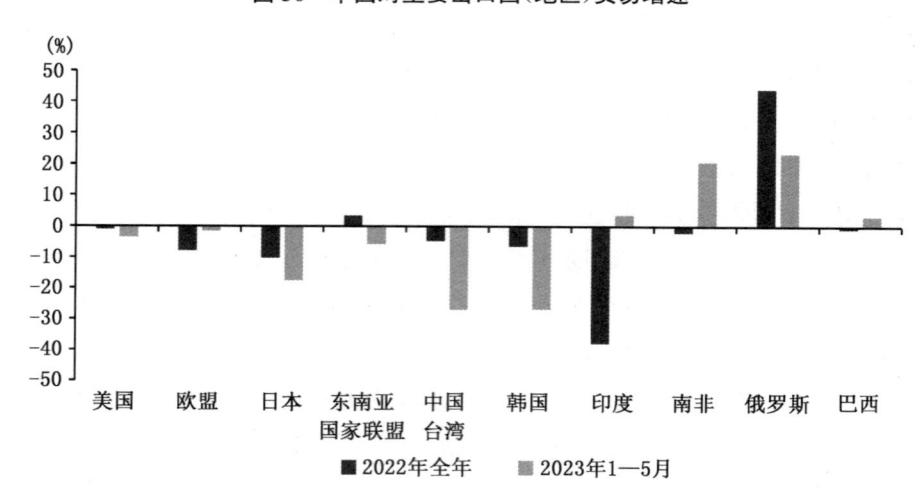

数据来源:海关总署。

图 37 中国对主要进口国(地区)贸易增速

数据来源:海关总署。

---

① 中国从韩国进口集成电路占中国从韩国总进口的约 38％、占中国台湾的 69％。

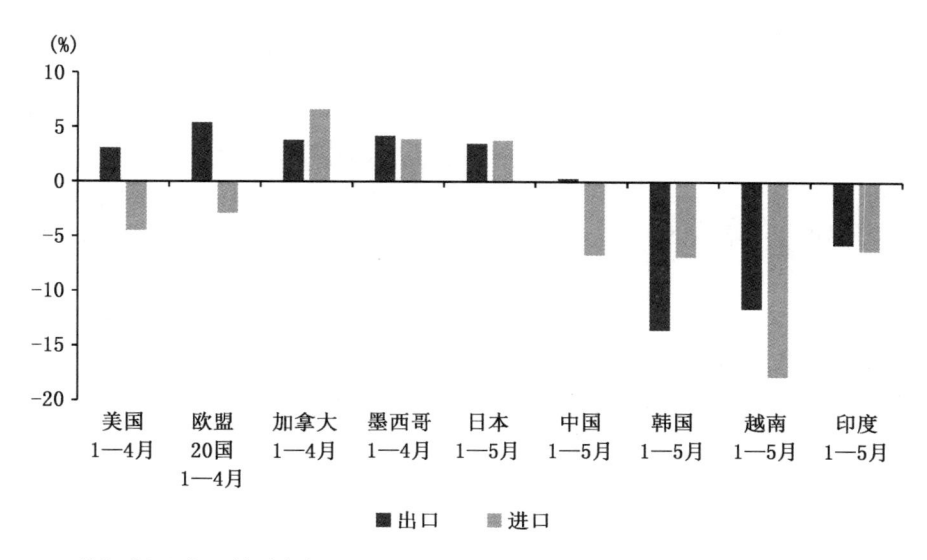

图 38 世界主要经济体的进出口增速

数据来源:各国统计部门。

2023年1—4月,中国服务贸易继续复苏,且服务贸易出口增速远小于其进口增速,服务贸易逆差较2022年同期继续扩大(见图39)。服务贸易逆差的行业来源保持稳定,主要来源于旅行、运输、知识产权使用费、保险和养老服务4个行业,并且以旅行逆差为主(见图40)。2023年1—4月,服务贸易逆差为639.2亿美元,其中旅行逆差为565.8亿美元,仍然是服务贸易逆差的最主要来源。而电信、计算机和信息服务、其他商业服务的贸易顺差稳定增长,是服务贸易逆差持续缩小的主要原因,也体现了中国服务贸易结构的不断优化。

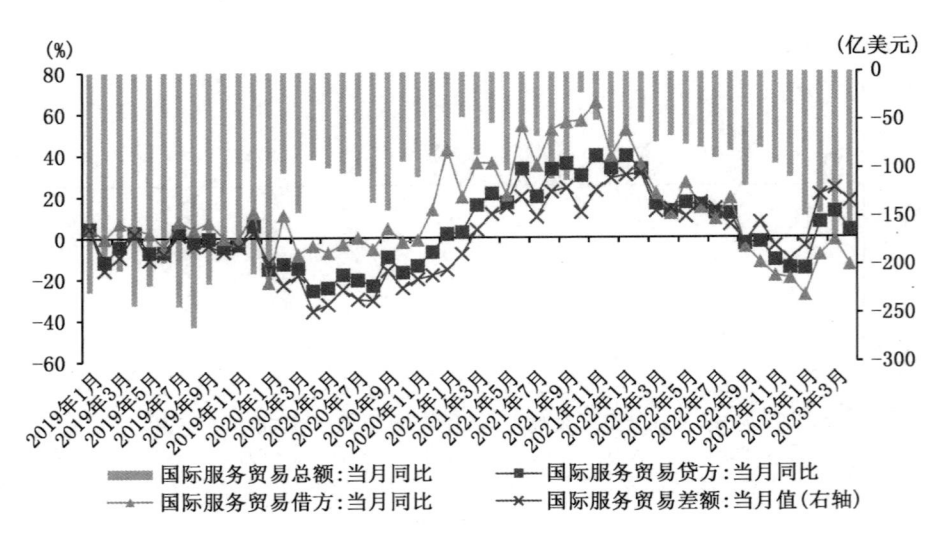

数据来源：国家外汇管理局。

图 39　2019 年以来我国服务贸易走势

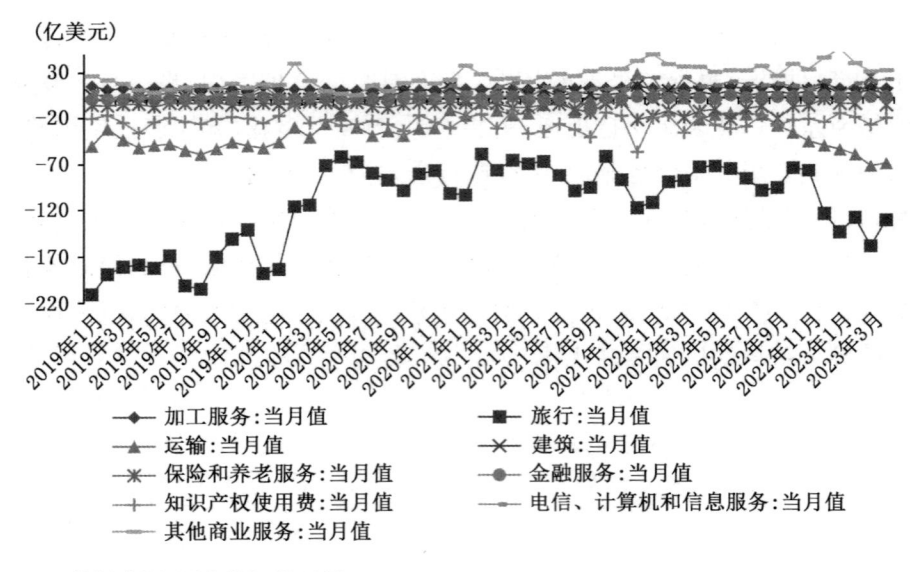

数据来源：国家外汇管理局。

图 40　2019 年以来我国主要行业服务贸易差额变化

二、出口结构调整和出口韧性

（一）中美经贸脱钩

2018年中美发生贸易摩擦，美国政府对中国的众多产品陆续加征关税，包括电子产品、汽车配件、食品等，中国政府则对美国的农产品、汽车、能源等商品进行报复性关税反制。较高的双边关税以及较高的中美经贸脱钩风险极大地阻碍了中美双边贸易。2018—2022年，中国对美国出口年化增速仅为3.02%，远低于9.62%的总出口年化增速。美国也由中国第一大贸易伙伴降为第三大贸易伙伴。2023年1—5月，中美贸易延续了这一脱钩态势，中国对美国进出口贸易总额同比下降了5.5%。中美之间不仅贸易量在下降，同时伴随着中国产业结构转型升级和外贸结构的调整，中美贸易的产品种类也发生了较大变化。课题组选取2015—2022年作为样本区间，通过统计贸易摩擦前后，中国对美国各类进出口产品占中国各类产品总进出口额的占比，分析中美贸易产品种类变化趋势。具体而言，根据国际通行的HS编码分类，可依据前两位编码把所有贸易商品分为98章，定义中国出口对美国市场的依存度为：中国出口到美国的产品数额占中国该产品总出口额的比重，同样可据此定义美国出口对中国市场的依存度。通过统计并选取了进出口额占比前十的商品，分析中国对美国贸易依存度较高的各类产品在贸易摩擦前后的变化趋势（见图41和图43）。同时，为了更直观地比较贸易摩擦前后中国对美国进出口贸易结构的变化，还重点比较了2017年和2022年中美间贸易依存度前十的商品（见图42和图44）。

从出口方面来看，在中国对美国的出口产品中，跨境电商B2B简化申报商品增长最为突出。首先，在国家政策支持下，一批外贸企业借跨境电商发展的"东风"开拓国际市场，中国跨境电商不断向前迈步，发展动力充沛，成为中美贸易重要的新业态。其次，中国对美国出口烟草及烟草类产品大幅增加，新需求的出现影响了中美产品变化。从整体来看，中国对美国出口的贸易结构变化不明显，武器、弹药以及炸药等产品出口占比持续小幅上升，低技术制造业依旧保持出口优势，可见，美国对华发动制裁对中国出口种类变化影响较小。中美贸易结构并未出现较大的调整和变化，原因在于：2019年中美之间全面加征关税后，主导中美贸易结构的关键因素是新冠疫情，即疫情大流行延缓了中美贸易摩擦以及对供应链重构的影响。随着全球疫情大流行的基本结束，未来几年，中美经贸结构将呈现由中美博弈主导的结构变化。

但从进口方面来看，2018年贸易摩擦之后，中国自美国进口产品结构发生了较大变化。从车辆、航空器、船舶及运输设备到炸药等化学工业及其相关工业的产品，从能源到半导体，其产品都受到重大影响，占比下降明显。受中美贸易摩擦影响，美国对中国出口的增速逐步恶化，新冠疫情与俄乌冲突加剧了这一趋势。取而代之的是，美国对华谷物、动物产品、棉花出口占比增长较大，这些产品的技术含量较低、可替代性较高，中国对美国市场的依赖度下降。

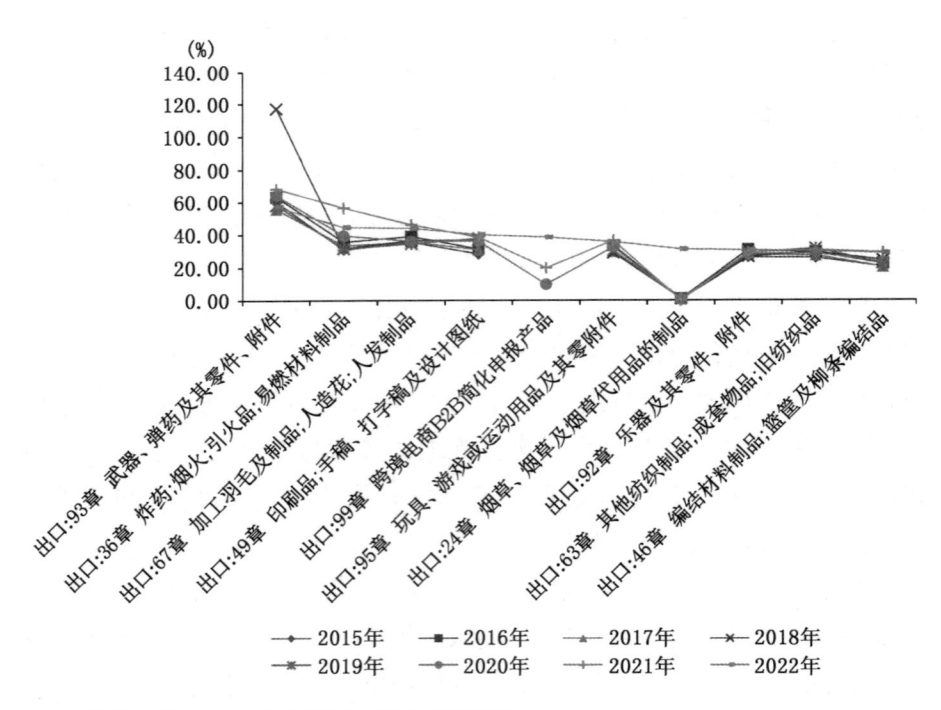

数据来源：Wind、上海财经大学高等研究院。

图 41　中国出口对美国市场的依存度：前十类产品出口占比份额变化

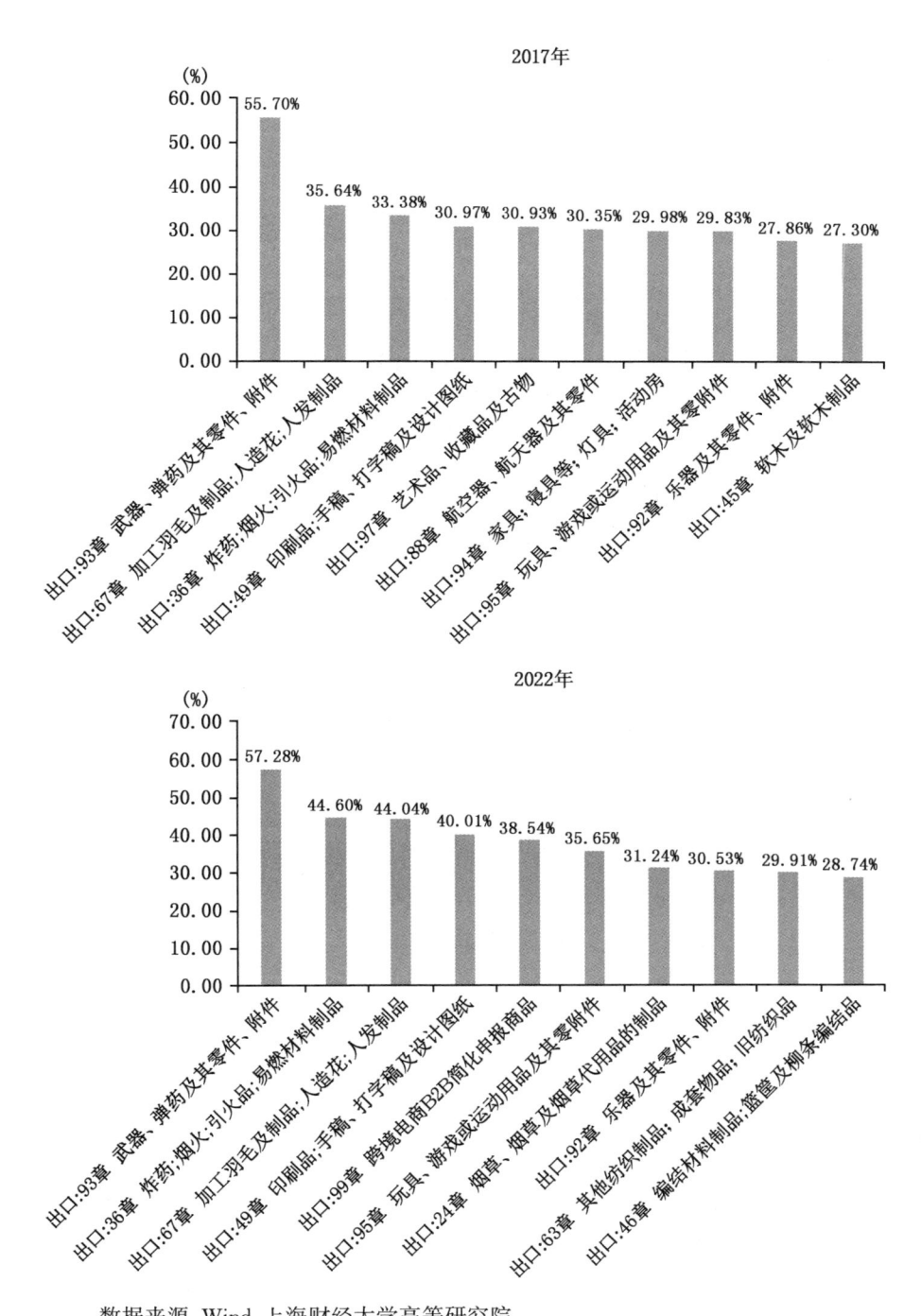

第二章　大国博弈环境下的外贸结构调整

2017年

行业	依存度
出口:93章 武器、弹药及其零件、附件	55.70%
出口:67章 加工羽毛及制品;人造花、人发制品	35.64%
出口:36章 炸药;烟火;引火品;易燃材料制品	33.38%
出口:49章 印刷品、手稿、打字稿及设计图纸	30.97%
出口:97章 艺术品、收藏品及古物	30.93%
出口:88章 航空器、航天器及其零件	30.35%
出口:94章 家具;寝具等;灯具;活动房	29.98%
出口:95章 玩具、游戏或运动用品及其零附件	29.83%
出口:92章 乐器及其零件、附件	27.86%
出口:45章 软木及软木制品	27.30%

2022年

行业	依存度
出口:93章 武器、弹药及其零件、附件	57.28%
出口:36章 炸药;烟火;引火品;易燃材料制品	44.60%
出口:67章 加工羽毛及制品;人造花、人发制品	44.04%
出口:49章 印刷品、手稿、打字稿及设计图纸	40.01%
出口:99章 跨境电商B2B简化申报商品	38.54%
出口:95章 玩具、游戏或运动用品及其零附件	35.65%
出口:24章 烟草、烟草代用品的制品	31.24%
出口:92章 乐器及其零件、附件	30.53%
出口:63章 其他纺织制品;成套物品;旧纺织品	29.91%
出口:46章 编结材料制品;篮筐及柳条编结品	28.74%

数据来源:Wind、上海财经大学高等研究院。

图42　中国出口对美国市场的依存度:前十大行业贸易摩擦前后对比

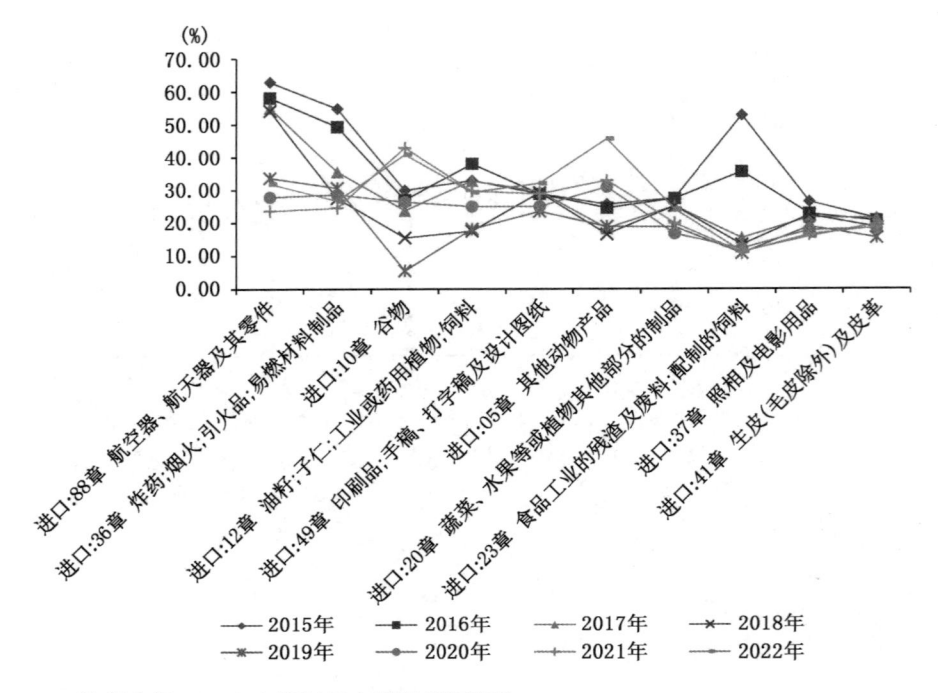

数据来源：Wind、上海财经大学高等研究院。

图 43　美国出口对中国市场的依存度：前十类产品出口占比份额变化

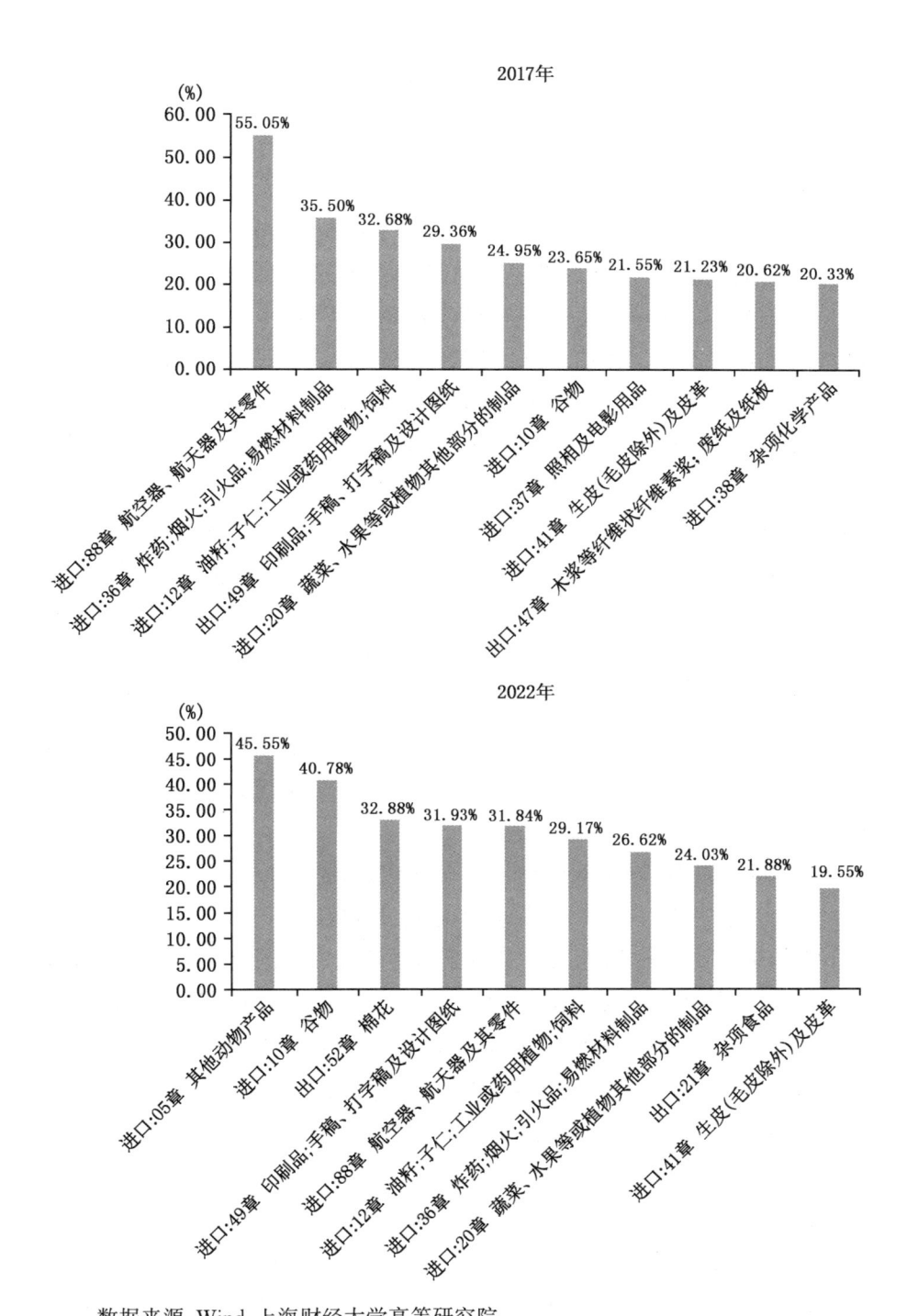

2017年

类别	百分比
进口:88章 航空器及其零件	55.05%
进口:36章 炸药;烟火;引火品;易燃材料制品	35.50%
进口:12章 油籽;子仁;工业或药用植物;饲料	32.68%
出口:49章 印刷品;手稿、打字稿及设计图纸	29.36%
进口:20章 蔬菜、水果或植物其他部分的制品	24.95%
进口:10章 谷物	23.65%
进口:37章 照相及电影用品	21.55%
进口:41章 生皮(毛皮除外)及皮革	21.23%
出口:47章 木浆等纤维状纤维素浆;废纸及纸板	20.62%
进口:38章 杂项化学产品	20.33%

2022年

类别	百分比
进口:05章 其他动物产品	45.55%
进口:10章 谷物	40.78%
出口:52章 棉花	32.88%
进口:49章 印刷品;手稿、打字稿及设计图纸	31.93%
进口:88章 航空器及其零件	31.84%
进口:12章 油籽;子仁;工业或药用植物;饲料	29.17%
进口:20章 蔬菜、水果或植物其他部分的制品	26.62%
出口:21章 杂项食品	24.03%
进口:41章 生皮(毛皮除外)及皮革	21.88%
	19.55%

数据来源:Wind、上海财经大学高等研究院。

图 44　美国出口对中国市场的依存度:前十大产品贸易摩擦前后对比

(二)制度型创新增强出口韧性:"一带一路"和跨境电商综试区

1. "一带一路"倡议产生贸易创造效应,有助于打破当前外贸领域的"零和博弈"思维

"一带一路"倡议由习近平主席于 2013 年提出,是一项基于双边和多边协议的横跨亚洲、欧洲和非洲的区域合作倡议,旨在提供投资便利化、降低跨境贸易成本等。"一带一路"倡议覆盖了约 64% 的世界人口以及 30% 的世界总产出。该倡议已成为中国改革开放和国家发展战略的重要组成部分。截至 2015 年底,中国已与 17 个国家在"一带一路"框架下签署了合作协议;截至 2021 年底,中国已与 147 个国家和 32 个国际组织签署了约 200 份合作文件,成员国数量呈爆发式增长。"一带一路"倡议是中国一项重要的制度型开放战略,通过减少各种贸易壁垒和提升沿线国家的基础设施等方式,不断深化中国的改革开放并实现沿线各国的共同受益。自 2013 年以来,"一带一路"倡议取得了举世瞩目的成就,沿线国家成功构建了以中国为中心的贸易网络和区域价值链。以中欧班列的建设为例,中欧班列开行数从 2013 年的 80 次快速攀升至 2021 年的 15 183 次(吕越等,2022)。2022 年,中国与"一带一路"沿线国家的贸易量高达 13.83 万亿元人民币,占我国外贸总值的 32.9%,相比 2013 年提高了 7.9 个百分点。

"一带一路"填补了亚洲地区自贸区建设的空白,加快了相关国家的经济一体化。但"一带一路"建设与自由贸易区(Free Trade Areas,FTA)存在本质上的不同。FTA 主要通过消除成员国之间的关税和数量限制等实现自由贸易,成员国之间的贸易联系主要通过贸易转移实现,并不存在显著的贸易创造效应(Caliendo 和 Parro,2015)。而"一带一路"是一项区域合作倡议,通过经济、政治、文化和其他方面的各种合作渠道提供贸易便利,即通过政策联动、设施联动、贸易畅通、资金融通和民心相通实现合作共赢。基于这一差异,相比于 FTA,"一带一路"倡议产生了显著的贸易创造效应。本报告基于全球 191 个国家的总出口数据,把这些国家分为处理组("一带一路"成员国)和控制组(非"一带一路"成员国),检验加入"一带一路"倡议前后,处理组相对控制组的出口增速的变化。研究发现:"一带一路"倡议不仅促进了中国出口能力的提升,而且促

进了沿线国家自身的出口能力。该出口能力不仅限于沿线国家和中国之间,也体现在沿线国家对除中国以外的其他国家的出口能力的扩张上,真正实现了"授人以渔"的包容性增长。估计结果显示,与非"一带一路"国家相比,加入"一带一路"倡议后,其成员国的出口增速平均提高了9.22个百分点。成员国出口能力的提升不仅来源于已有产品出口能力的扩张(集约边际),而且来源于成员国有能力把更多的产品出口至更多的国家(扩展边际)。在提升成员国出口能力的同时,"一带一路"倡议还有助于提升成员国在全球价值链的地位和参与度,实现沿全球价值链的出口升级。进一步研究发现,以上出口创造效应主要是通过公共基础设施的投资扩张和私营部门的投资(对私有部门投资存在溢出效应)扩张实现的(更详细的分析过程和结论请查阅报告撰写人已发表的论文①)。

"一带一路"的包容性增长具有重大的现实意义。国际层面,在贸易保护主义盛行、地缘政治风险居高不下、中美大国博弈的多重阻力下,"一带一路"倡议有利于打破国际贸易"零和博弈"的对抗思维,维护开放包容的国际贸易环境,稳外贸、稳供应链、稳价值链(尤其是中国在亚太区域价值链的中心地位),有效抵御来自美国及其他国家的贸易冲击,推动我国实现更深层次、更高水平的对外开放。国内层面,"一带一路"倡议深度嵌入中国内陆省份,如陕西、甘肃等,有利于更好地促进沿海开放和内地开放的联动发展,实现地域上的全面开放新格局。

2. 跨境电商综试区对促进跨境电商出口增速发挥了关键性的作用,成为重要的出口增长引擎

自2015年中国首个综试区设立以来,跨境电商迅猛发展。根据中国电子商务研究中心发布的数据②,其出口额从2014年的3.6万亿元扩大至2019年的8.0万亿元,年化增速高达17.6%,远高于同期出口总额3.7%的年化增速;2020—2022年③,跨境电商出口的平均年化增速为25.9%,远高于同期11.7%的总出口年化增速。2020年4月,为了应对

---

① Yu Chen, Yan Zhang, Lin Zhao. Export Creation of the Belt and Road Initiative: "Give-Them-a-Fish" or "Teach-Them-to-Fish"? *International Economic Studies*, 2022,17(4):531−549.

② 数据来源于中国电子商务研究中心2020年6月发布的报告(http://www.100ec.cn/zt/2019kjscbg)。

③ 从2021年起,海关总署开始公布我国跨境电商的初步总体数据,与中国电子商务中心的数据有出入。

全球新冠疫情蔓延,国务院继续扩大综试区的范围,同意在全国46个城市设立第五批综试区。2022年,第六、第七批综试区相继被批准成立。截至目前,综试区覆盖了中国31个省(市)的165个城市,其中,浙江、江苏、广东和山东四个省份实现地级市全覆盖。疫情防控期间,跨境电商的优势进一步显现。扩大跨境电商综合试验区数量,对于进一步增强线上平台交易渠道、航空物流运输等都起到了积极作用。跨境电商已经成为全球市场资源配置的重要载体。跨境电商的快速发展有助于中国出口进一步打破全球贸易壁垒,缓解严峻复杂的国际环境带来的出口阻力。此外,促进跨境电商发展也是我国外贸转型升级的重要方向,对出口的包容性增长和促进外贸领域的数字化均具有深远的意义。

跨境电商综试区以出口导向为主,为相关企业提供一些政策优惠。相关企业是指综试区所在省份的企业,定义为:在综试区注册、在注册地跨境电商线上综合服务平台登记出口信息,以及通过综试区所在地海关办理电子商务出口申报手续的企业。其出口促进政策主要体现在税收政策、关税政策、出口便利政策等。第一,对跨境电商零售出口企业免征消费税和增值税。根据2018年财税第103号公告,对相关跨境电商零售出口企业免征消费税和增值税,并于2018年10月1日起执行。第二,所得税核定征收。根据国家税务总局2019年第36号公告,对相关跨境电商零售出口企业采用应税所得率方式核定征收企业所得税。应税所得率统一按照4%确定,该税率远远低于各行业企业的平均应税所得税。该政策于2020年1月1日起执行。第三,出口便利和通关效率提升。综试区为相关出口企业提供了一系列出口便利措施,如无纸化清关、简化报关手续、对B2B出口实施批量报关和转关、全年无休24小时清关、线上检验检疫、加快检疫许可证审批等。以杭州综试区为例,公司出口货物的报关时间从4小时缩短到平均1分钟,大大提高了通关效率,节约了通关的时间成本。综试区的成立加速了跨境电商出口的增长。如前文所述,2014—2019年,跨境电商出口年平均增速高达17.6%。其中,B2B出口占据绝大部分比重。

根据海关统计规则,综试区对跨境电商的拉动作用最终将体现为对各省一般贸易出口的拉动作用。因此,本报告首先分析了各省的综试区数量的空间分布及其与该省一般贸易出口增速之间的相关性。考虑到第五批和第六批综试区成立时间较短,且成立于疫情暴发后,因此,本报告排除第五批和第六批,采用各省前四批综试区的数量。各省一般贸易增速用2020年一般贸易出口的累计同比增速度量。鉴于2020年3月暴发的全球新冠疫情,本报告采用双重差分模型。研究发现:在全球疫情的冲击下,跨境电商综试区越多的省份,其出口表现越好。具体而言,目的地的疫情风险越高,跨境电商综试区对出口的贡献越大;与发展中国家相比,跨境电商综试区更有利于促进对发达国家的出口;与最终产品相比,疫情暴发后,越来越多的中间产品通过跨境电商出口。

(三)持续的出口结构转型升级

中国外贸的发展始终伴随着较多的内外部不利因素,在这一过程中,中国出口主动或被动地做出调整以适应严峻复杂的内外部环境,出口的适应性调整和转型升级是出口韧性的又一重要来源。

1. 劳动密集和低附加值产品出口向东南亚地区转移

利用2005—2018年的全球贸易增加值数据,课题组发现,2011年以来,中国的出口贸易逐步向东盟地区转移,中国向东盟的贸易转移主要体现为:第一,东盟逐渐承接来自中国的加工贸易,体现为中国从东盟进口的国内增加值占比自2011年以来出现趋势性上升,且这种上升趋势存在于制造业的各个行业,说明东盟对中国加工贸易的承接是全行业范围内的。第二,东盟逐渐承接来自世界的加工贸易,体现为主要经济体从中国进口的国内增加值逐渐下降,主要经济体从东盟进口的国内增加值逐渐上升。从行业来看,这些贸易转移主要集中于一些劳动密集型行业(如纺织、皮革和鞋类产品、机械设备修理等)或低附加值行业(如化学制品、基本金属品等)。与此同时,中国在这些行业的市场份额并没有明显减少,甚至有的还在扩大,这说明中国对外贸易总额扩张的同时,其贸易增加值在逐渐提升、贸易结构在持续优化。第三,中国出口价值链逐渐延长,东盟对中国出口价值链的前向参与逐渐增加。这一特征主要体现为中国对东南亚出口中的中间品比重逐渐上升,与此同时,东南亚中间品进口中的再出口比例逐渐上升,这两个指标同时上涨说明东盟已经逐渐前向参与到中国出口价值链中。中国出口价值链延长的主要行业集中于电器机械和设备、运输和存储、金属制品、机动车辆、其他运输设备等以及橡胶和塑料制品等行业。

2. 全球价值链放大了内外部冲击对低附加值产品的影响,倒逼产业转型升级

自 2001 年中国加入 WTO 以来,中国出口规模不断扩张,出口结构也在逐渐优化。除了激励出口产业主动升级的政策因素外,内外部冲击也对产业升级起到了推动作用,包括中国劳动力成本的持续抬升、2008 年金融危机、中美贸易摩擦、2020 年全球疫情大流行等。全球价值链视角下,各国产业互相渗透,贸易限制措施的负面影响被放大,且该放大效应在不同行业呈现异质性,即产品的国内增加值越低,在加征关税的情况下,其受到关税的冲击就越大;国内附加值越高的产品和行业,其受到的冲击就越小。因此,内外部冲击促使低附加值产业转移出中国,促使产业往高附加值方向演进,实现出口转型升级。通过选取典型的高附加值行业产品,统计其占中国总出口市场份额的变动情况,分析我国高附加值产品的出口表现(见图 45)。课题组发现,机电、集成电路、汽车等铁路交通设备制造、机械制造、钢铁冶炼、化学和贵金属等高附加值产品的出口份额扩大,提高了我国在全球价值链中的地位。值得注意的是,国内附加值低并不意味着该行业不重要或处于低端,由于某些产品和行业的生产仍处于沿全球价值链、供应链攀升的状态,有些技术密集型或知识密集型行业,其国内增加值也较低,比如芯片、部分精密机床等,因此,需要高度警惕附加值低但技术密集的行业,这些行业的供应链转移将导致出口竞争力的下降。

全球价值链放大了贸易冲击[①],凸显全球价值链的脆弱性(vulnerability),加速低附加值贸易品的供应链向区域化、友邦化、市场导向化方向演变。2020 年新冠疫情暴发后,各国生产均受到不同程度的负向冲击。全球价值链经历了供应紧张甚至断供的危机,而中国凭借前期较好的防疫优势使得其出口占世界市场的份额进一步提升。但是,随着疫情影响逐渐消退,越来越多的跨国企业重新在生产效率和价值链安全之间进行权衡。更为重要的是,美国、欧洲等较多经济体越来越注重供应链的安全性。作为世界最大的出口国,中国必然面临美国的进一步脱钩行动和越来越多的产业转移风险。因此,疫情后,以效率为导向的自由贸易不

---

① 参见邢予青著:《中国出口之谜》,生活·读书·新知三联书店 2022 年版。

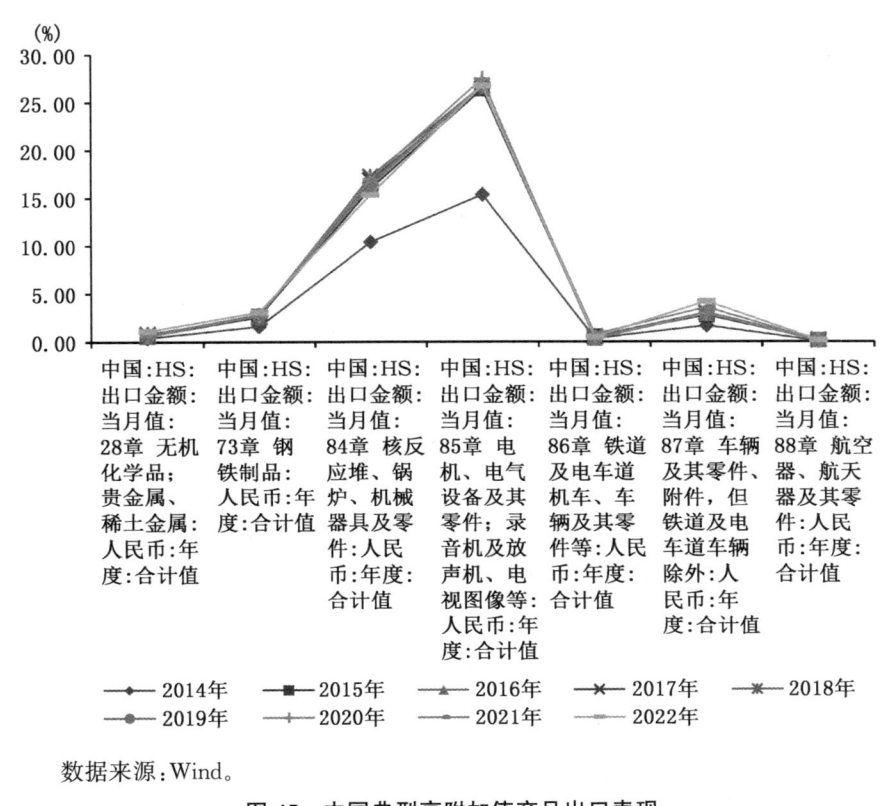

图 45 中国典型高附加值产品出口表现

数据来源：Wind。

再是主导世界贸易格局的决定因素，大国博弈和产业链安全开始起决定性作用。此外，从全球价值链的角度也可以更准确地识别大国博弈风险对全球供应链重塑的作用，并据此做出更具针对性的应对策略。例如，随着疫情效应逐渐消退，2023年以来，中国出口在行业间呈现两极分化，家具、家电、服装"老三样"出口增速放缓，而电动载人汽车、锂电池、太阳能电池"新三样"出口增速创新高。针对这一现象，有经济学家从新业态、新模式、新动能的角度进行解读，而从价值链角度更能看清这一现象，即中美之间持续的高关税等贸易限制措施对低增加值产品产生更大的负向冲击，而对高附加值产品影响较小。

三、潜在风险

（一）全球经济增速继续放缓，通胀持续

世界银行于 2022 年 6 月发布的定期经济形势分析预测报告显示，在全球利率上升的背景下，全球经济增长已大幅放缓，全球经济增长预计将从 2022 年的 3.1% 放缓至 2023 年的 2.1%。对于中国以外的新兴市场和发展中经济体，其增长率将从 2022 年的 4.1% 下降至 2023 年的 2.9%。具体来看，发达经济体 2023 年预计增长 0.7%，2024 年预计增长 1.2%。美国和欧元区经济预计 2023 年分别增长 1.1% 和 0.4%，2024 年分别增长 0.8% 和 1.3%。新兴市场和发展中经济体 2023 年预计增长 4%，2024 年增长 3.9%。中国经济 2023 年预计增长 5.6%，2024 年预计增长 4.6%，这些判断体现了世界银行对全球经济增长前景的广泛下调。

然而，需要注意的是，全球经济缓慢恢复的过程中仍存在许多不确定性和挑战。受全球贸易紧张局势、俄乌冲突以及为遏制高通胀而大幅收紧的货币政策、地缘政治风险等多重负面冲击的长期影响，全球经济仍处于不稳定状态。

第一，发达国家仍面临较大的通货膨胀压力。目前，美联储加息已进入下半场，2023 年人民币汇率贬值的外部压力有所缓解，但以欧美经济体为主的国家对抗通胀的斗争依然持续。尽管由于基数效应、供应链压力减弱和商品价格下跌，全球总体通胀率一直在减速，但许多国家的核心通胀率仍在上升，且远高于其目标通胀率。预计 2024 年以后，通胀率将继续高于大流行前的水平，这将导致额外的货币紧缩政策。面对海外通胀压力以及紧缩货币政策，海外需求降温是大概率事件。而欧美等主要经济体贡献了全球超过 50% 以上的终端需求，海外需求降温将继续压制我国出口增速。一方面，价格效应仍在减弱，价格对于出口的贡献将继续下滑；另一方面，前期订单回补过程结束后，全球总需求下行的压力也开始逐步显现。另外，考虑到美联储为控制通货膨胀而采取的"鹰派"政策所带来的国际溢出效应的规模，可能导致包括新兴市场经济体在内的各国的借款成本进一步大幅上升，尤其是那些具有潜在脆弱性的国家，各国

经济不确定性风险正在加剧。

第二,新兴市场和发展经济体增长疲软。世界银行报告指出,新冠疫情、俄乌冲突以及全球金融环境紧缩等多重冲击给新兴市场和发展中经济体的发展造成了巨大阻碍。世界银行预计,到2024年底,这些经济体的经济活动会比疫情前水平低约5%。三分之一的低收入国家在2024年人均收入将低于其2019年水平。发展经济体经济疲软将直接影响中国的进出口需求,增大中国对外贸易的不确定性。

第三,地缘政治冲击贸易结构。中美双边贸易和投资限制仍将继续存在,并在一些关键领域呈现不断加大的趋势。虽然中美双方全方位的"脱钩断链"仍不太可能发生,但双边政治经贸关系恶化给不同的企业带来不同的影响——战略和高科技行业面临愈发升高的政治风险,而低敏感性行业受到的影响则相对有限。2023年5月27日,拜登政府宣称,"印太经济框架"14个成员国基本完成了"提高供应链韧性与安全"的协议谈判,将加强芯片、关键矿物等基本材料的供应链,以"减少对中国的依赖",因此预计有效需求不足仍将是未来的主要矛盾。同时,中韩、中日关系也面临极大的不确定性,影响进出口增长预期。

(二)大国博弈加速全球供应链友邦化、区域化和本地化,并加速贸易衰退

近年来,中美经贸脱钩愈演愈烈、俄乌战争的僵持加深了中美在地缘政治上的分歧,中美关系正式进入全面的大国竞争和大国博弈阶段。作为世界上最大的两个经济体,中美关系正在重塑国际贸易环境,表现为中美经贸关系陷入"囚徒困境"、全球主要经济体被动进入"多头博弈"、市场规律日渐式微、自由贸易沦为口号。

第一,美国正试图通过地缘政治、经济利益等多种途径将更多系统重要性国家置身于中美博弈中,以全面遏制中国。2023年以来,美国有意与欧盟加深合作,分别与欧盟签订《跨大西洋贸易协定》《关键矿产协议》等,削减双方贸易壁垒并加强合作,以对冲中美经贸脱钩风险并减少其在关键产业链上对中国的依赖。除了瞄准全球价值链外,美国更试图通过双边和多边协议破坏中国与东南亚、日本、韩国等亚太国家的产业链联

系，以打压中国在亚太区域产业链的中心地位和参与度。2023年5月，美国主导的《印太经济框架》（IPEF）初步达成协议，试图从供应链上孤立中国，并削弱《区域全面经济伙伴关系协定》（RCEP）对亚太区域贸易的促进作用。

第二，中美主导的多国博弈已经并将继续成为影响全球化演进的关键因素。尽管中美关系仍将出现阶段性缓和，但是中美竞争和博弈将成为长期主导趋势。芯片、新能源、生物医药、人工智能、量子计算、先进制造和材料科学等关键科技和新兴技术领域是中国科技博弈的重点领域。以芯片为例，其市场集中度高，一些关键环节（如芯片设计软件、原材料、设备、制造等）呈寡头垄断状态，美国占据了行业上游并垄断了一些关键技术，因此，美国利用其主导地位限制台积电等关键制造企业参与中国半导体产业链的生产环节，以遏制中国高端芯片的自主能力。同时，美国通过《2022芯片与科学法案》，在完善美国本土半导体产业链的研发、制造等环节的同时，禁止接受美国政府资金支持的企业参与中国先进制程芯片（28纳米以下）的制造以及成熟制程芯片（28纳米以上）的投资。此外，美国向荷兰、日本、韩国等半导体产业链上关键国家施压，迫使这些国家及其相关企业加入封锁行动。截至目前，美国对中国半导体的封锁覆盖了半导体产业链的各个关键环节。在此影响下，全球最大的晶圆代工厂台积电已经在美国建立工厂[①]，并计划在日本建立工厂，以规避中美博弈风险。此外，大国博弈思维也已经影响到最敏锐的跨国决策，其中，巴菲特减仓中国增持日本，摩根大通等高度依赖中国市场的跨国企业继续对华销售并扩展在华业务等，这些事件都标志着跨国决策已经从成本—收益分析为主的市场决策转向博弈视角下的策略决策问题，大国博弈风险已经取代市场因素，成为决定国际资源配置的关键因素。

第三，全部贸易品均暴露在极高的大国博弈风险和不确定性环境中。随着越来越多的美国国家意志以产业链安全的名义渗透至贸易领域，产业链安全被过度使用，所有行业都将成为大国博弈的筹码，无一幸免。图41列出了几个重点出口行业与美国的竞争性及其面临的大国博弈风险

---

① 台积电表示，美国的芯片制造成本比中国台湾高50%左右。

和不确定性。① 对于一些显性战略竞争产业(芯片②、新能源汽车产业③、先进制造和关键材料、生物医药、基础技术④等),美国正以出口管制、补贴、禁运等方式遏制中国对全球供应链、价值链的参与,以增强美国的主导地位,这些行业均面临较高的产业转移风险;对于其他行业,例如通信设备、电机、汽车及其零件等,由于中国市场份额增长过快,正挑战美国等发达经济体的市场主导地位,因此,这些行业将不可避免地成为大国博弈下的筹码,暗藏较大的不确定性和潜在风险。而美国也正通过《削减通胀法案》《印太经济框架》等,试图把中国排除在其供应链之外,实现供应链和价值链的本土化、友邦化。值得注意的是,这些行业的不确定性和风险并未显性化,但会对中国出口、就业和供应链稳定等产生极大影响,需要高度重视。长期来看,中美关系将大概率陷入"囚徒困境",行业发展受到牵制,反而使第三方国家受益。20世纪90年代美国打压日本半导体导致韩国半导体产业后来居上就是前车之鉴。

中美大国博弈的一个直接后果是全球供应链区域化、友邦化,全球生产更加往最终消费市场聚集,从而消灭部分最终品的贸易。另外,对于更有可能多次跨越国境的中间品贸易而言,这些产品的上下游联系较强,更有可能存在主导企业,而在面临巨大的大国博弈风险的情况下,会有越来越多的主导企业发起产业链转移,尤其是把产业链移出中国,从而规避中美博弈的政策风险以及产业过度集中的脆弱性风险。因此,中美大国博弈将同时削弱中间品和最终品贸易,导致中国对外贸易的进一步萎缩。

(三)内部需求面临多重挑战,或同时拖累出口和进口需求

2023年进入后疫情时代,虽然国家出台各种稳增长政策,但疫情防控措施优化后经济调整的短暂阵痛在所难免,市场信心难以迅速恢复,国内经济面临诸多风险,导致内需不足,加剧了进口贸易的下滑。第一,中国经济正努力实现由高速增长向高质量发展的转变,经济增长面临转型

---

① 风险是指已知各种可能结果的概率分布;若未知其概率分布,则为不确定性。因此,不确定性对决策的影响更大。
② 《2022芯片与科学法案》。
③ 《降低通胀法案》中,把中国排除在其供应链之外。
④ 2022年8月,美国将四项"新兴和基础技术"纳入新的出口管制。

风险。在这一过程中,就业压力加大、失业率高居不下、产能过剩、过度杠杆等问题突出。而就业形势的严峻会抑制消费与投资,企业盈利下降推动失业率上升,更进一步制约居民部门的消费能力与消费意愿,导致内需动力不足。第二,房地产市场大调整导致固定资产投资下行的同时,也加大经济下行压力。2023年1—5月,全国房地产开发投资45 701亿元,同比下降7.2%,房地产开发景气指数不断走低。作为国民支柱行业的房地产业处于下行周期并面临较多困难,使得经济活动景气度下滑,极大地制约了国内需求。第三,供需两端均有所放缓。2023年上半年以来,制造业采购经理指数(PMI)不断走低,5月PMI为48.8%,低于临界点,制造业景气水平小幅回落。生产指数和新订单指数均位于收缩区间,制造业市场需求仍显不足,企业产能释放受到抑制。同时,工业企业利润走低。2023年1—4月,全国规模以上工业企业实现利润总额20 328.8亿元,同比下降20.6%,盈利环境不佳,企业主动去库存周期仍未结束,进一步增加了内需压力。第四,债务风险和金融系统性风险拖累经济增长。我国经济快速发展过程中出现了大量债务积累,包括企业债务、地方政府债务等。债务风险和金融风险将对金融体系稳定和经济增长产生负面影响,并通过投资者行为引发风险跨市场传染,从而滋生系统性金融风险,这对投资和国际贸易均将造成不利影响。2023年下半年,随着疫情影响的消退、生产生活秩序稳步恢复,在更精准的宏观经济政策和结构性改革背景下,市场预期和信心有望逐步修复,风险将进一步得到规避,进出口增速有望止跌回稳,但整体增速仍将处于较低水平。

第三章

艰难复苏的房地产市场及其预期管理

一、房地产市场数据分析

2023年开年以来,我国房地产工作围绕"稳支柱、防风险、惠民生"三方面展开。房地产市场第一季度表现出较为明显的复苏态势,销售额同比转正,投资增速降幅收窄,资金面小幅改善,土地市场缓慢回温。随着需求端利好政策的边际效应减弱,4—5月住房市场复苏态势较为疲弱,销售量环比开始下降,新建商品住宅价格与二手住宅价格上涨幅度趋缓。通过研究判断,第一季度楼市回暖主要由积压需求释放、各地房地产政策持续宽松以及经济整体回暖三方面主导,这些主要因素在进入第二季度后出现了不同程度的减弱,楼市复苏缓慢。2023年我国楼市整体将呈现复苏态势,但是回暖进程相对漫长。结合债务、财政和人口等多方面因素综合考虑,一方面,我们应当边际放松房地产市场政策,避免房地产市场风险的爆发及扩散;另一方面,我国房地产市场亟须走出以往依赖城镇化和金融化的发展模式,结合国际经验探索出新的发展路径。

（一）房地产市场销售复苏明显

销售方面，由于累积的刚性住房需求得到释放，经济整体形势上行，房地产政策环境逐步宽松，因此第一季度房地产市场复苏势头强劲。随着政策边际效应的递减，进入第二季度后销售复苏势头有所衰减。

第一季度商品房销售额 30 545 亿元，同比上涨 4.1%，自 2022 年以来首次转正，销售面积 29 946 万平方米，同比下降 1.8%，跌幅较 2022 年水平显著收窄。其中，住宅销售额 27 674 亿元，同比上涨 7.1%，住宅销售面积 26 251 万平方米，同比增加 1.4%，相比 2022 年的表现均明显回暖。2023 年 1—5 月，商品房销售额 49 787 亿元，同比上涨 8.4%，涨幅较上月回落 0.4%，其中住宅销售额 45 132 亿元，同比上涨 11.9%，涨幅较上月扩大 0.1%。2023 年 1—5 月，商品房销售面积 46 440 万平方米，同比下降 0.9%，跌幅较上月扩大 0.5%，其中住宅销售面积 40 663 万平方米，同比上升 2.3%，涨幅较上月回落 0.4%。进入第二季度以来，商品房 4 月单月销售额 9 205.3 亿元，同比增长 13.1%，环比下降 39%，销售面积 7 690 万平方米，同比下降 11.8%，环比下降 48.1%。商品房 5 月单月销售额 10 036.1 亿元，同比增长 9%，但是较 3 月单月销售额仍下降 33.5%；5 月单月销售面积 8 804 万平方米，同比上涨 14.5%，较 3 月单月销售面积下降 40.6%。综合来看，第二季度以来我国商品房销售额和销售面积较第一季度大幅下降，楼市复苏势头有所衰减。

分地区来看（见图 46、图 47），我国不同区域楼市都呈现复苏态势，但地区回暖速度差异较大。其中，东部地区和东北地区的复苏态势最为强劲，2023 年 1—5 月东部地区商品房销售额累计 30 326 亿元，同比增长 14.9%，较第一季度增幅扩大 5.6 个百分点，销售面积 20 472.4 万平方米，同比增长 5.2%，且整体规模较大，占我国房地产整体销售额的 60.9%。东北地区楼市在 2023 年也显现较好的复苏态势，1—5 月东北地区商品房销售额累计 1 138 亿元，同比增长 22.9%，这一强劲势头也由该地区同期基数较低推动，且市场整体规模较小，销售额仅占全国销售额的 2%。而中、西部地区楼市复苏较为缓慢，中部地区 1—5 月销售额与销售面积甚至比 2022 年同比下降 4.2% 和 8%，西部地区 1—5 月销售额同比上升 1.3%，销售面积同比下降 5.2%。

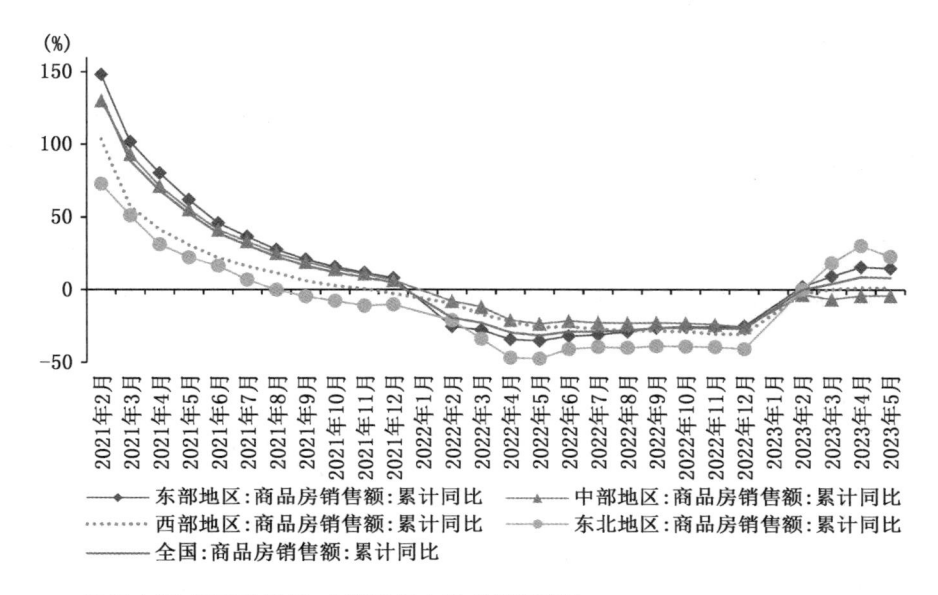

第三章　艰难复苏的房地产市场及其预期管理

数据来源：国家统计局、上海财经大学高等研究院。

图 46　全国和分地区商品房销售额累计同比增长率

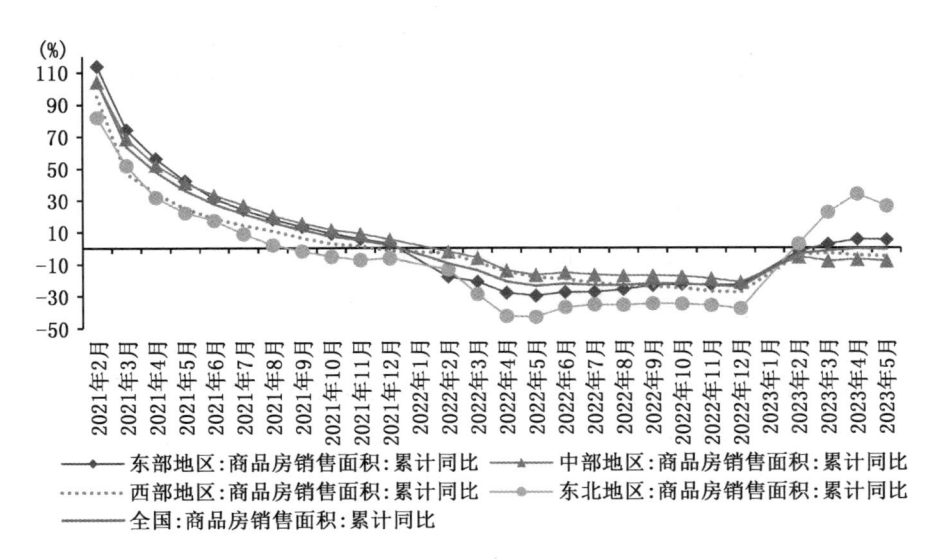

数据来源：国家统计局、上海财经大学高等研究院。

图 47　全国和分地区商品房销售面积累计同比增长率

虽然房地产市场销售展现出复苏态势，但如图48所示，我国商品房的库存压力仍然处在高位，2023年1—5月我国商品房待售面积64 120

万平方米,同比增长15.7%,5月单月消化库存367万平方米,相比3月单月消化库存减少51.6%。1—5月住宅待售面积增长15.4%。第一季度我国待售商品房面积增速较2022年底收窄3个百分点,而办公楼与商业营业用房待售面积仍有明显的增长趋势。由此可以判断,2023年以来我国房地产市场的复苏主要由宽松政策环境下商业住宅市场的需求释放所驱动,房地产企业整体库存水平偏高,当前房地产市场仍处于调整之中,预计整个楼市的复苏周期可能进一步拉长。

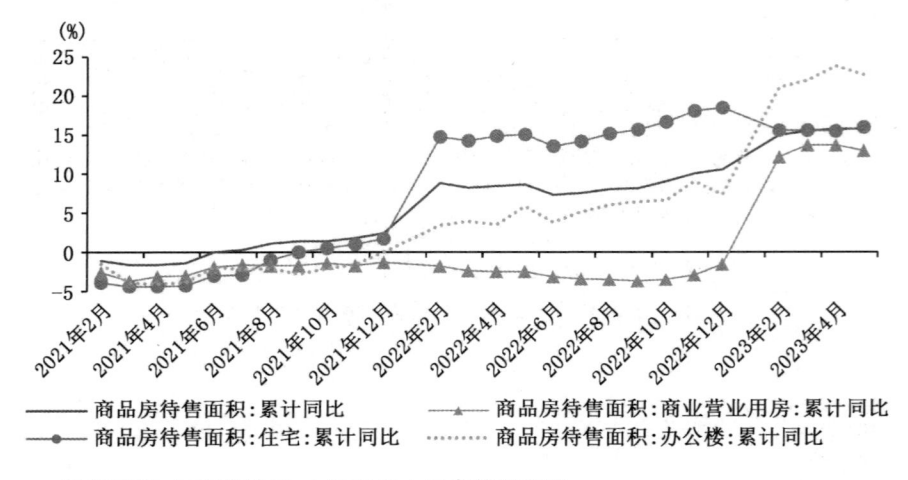

数据来源:国家统计局、上海财经大学高等研究院。

图48　全国商品房待售面积累计同比增长率

同时,如图49所示,伴随着2023年以来我国房地产市场的复苏,在二手房市场中,第一季度我国各线城市挂牌量均大幅提升,其中以三、四线城市的上升幅度最为明显。这显示了疫情结束后积压的供给压力需要得到释放,同时也体现了房地产市场政策的边际宽松。但随着4—5月房地产市场的小幅回落,作为供给方的二手房挂牌量也随之减少。

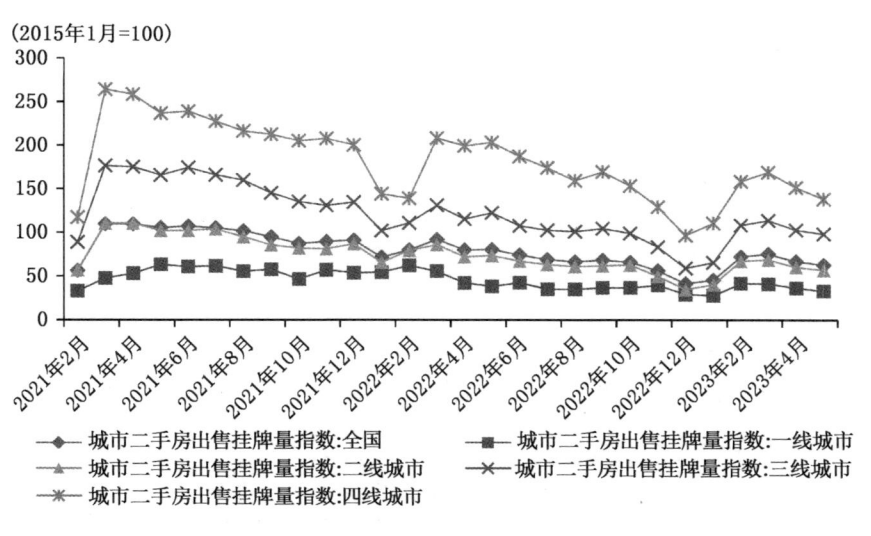

第三章 艰难复苏的房地产市场及其预期管理

(2015年1月=100)

数据来源：Wind、上海财经大学高等研究院。

图 49 二手房挂牌量指数

从房价数据来看，2023 年上半年总体房价下跌，但跌幅有所收窄。第一季度房价弱复苏后第二季度出现回调，并且房价在各城市之间呈现显著分化现象。70 个大中城市新建住宅价格指数总体下跌（见图 50），2023 年 5 月房价指数同比下降 0.5%，2—5 月跌幅分别为 0.4%、0.5%、0.7%、0.2%。其中，一线城市房价指数 5 月同比上升 1.7%，涨幅较上月回落 0.3 个百分点；二线城市 4 月、5 月房价同比上涨 0.2% 和 0.5%，自 2022 年 5 月以来首次转正；三线城市房价同比持续下行，5 月同比下降 1.6%，但跌幅连续 5 个月收窄。二手房价格分化则表现得更为明显，当前居民对于二手房购买，仅看好一线城市的二手房市场。2023 年 5 月，我国总体二手房价格指数同比下降 2.5%，二、三线城市二手房价格分别下降 2.1% 和 3.3%，跌幅较上月分别收窄 0.1% 和 0.3%，但一线城市 5 月同比上涨 0.9%，涨幅较上月回落 0.2 个百分点，房价走势均出现回调的迹象（见图 51）。同样，如图 52 所示，回落的二手房价格也影响了亟待出手的二手房房东的预期，二手房房价挂牌指数在 5 月出现了小幅回落。这表明随着一系列维稳政策落地，居民信心得到修复，但是由于宏观经济回升仍面临一定的压力，因此家庭资产负债表修复缓慢，导致进入第二季度房价预期不稳、涨幅下降。

65

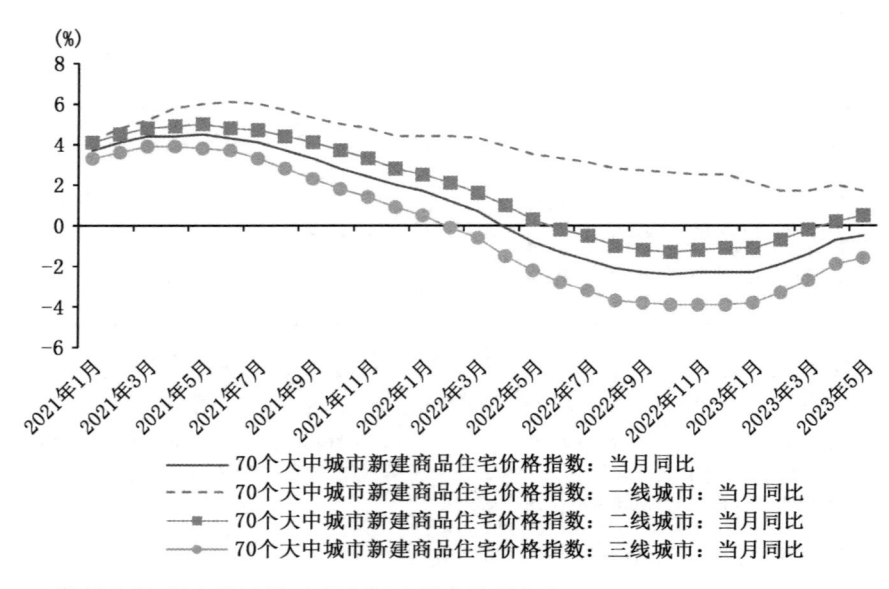

数据来源：国家统计局、上海财经大学高等研究院。

图50　70城新建商品住宅价格指数当月同比增长率

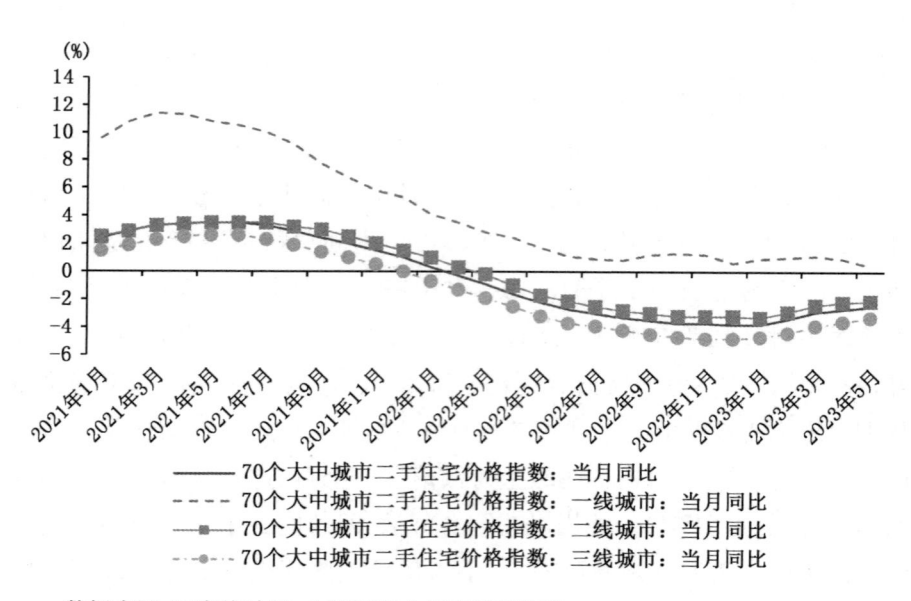

数据来源：国家统计局、上海财经大学高等研究院。

图51　70城二手住宅价格指数当月同比增长率

第三章　艰难复苏的房地产市场及其预期管理

(2015年1月=100)

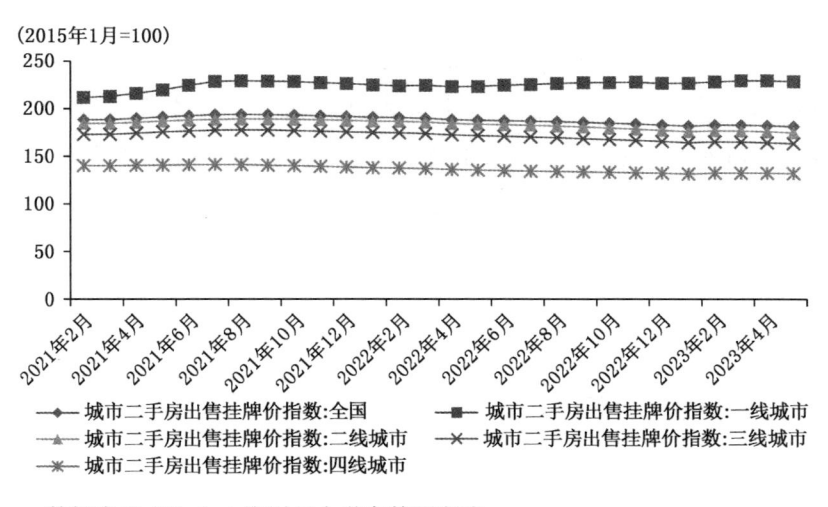

```
     250
     200
     150
     100
      50
       0
         2021年2月  2021年4月  2021年6月  2021年8月  2021年10月  2021年12月  2022年2月  2022年4月  2022年6月  2022年8月  2022年10月  2022年12月  2023年2月  2023年4月
```

━◆━ 城市二手房出售挂牌价指数：全国　　━■━ 城市二手房出售挂牌价指数：一线城市
━▲━ 城市二手房出售挂牌价指数：二线城市　━✕━ 城市二手房出售挂牌价指数：三线城市
━✳━ 城市二手房出售挂牌价指数：四线城市

数据来源：Wind、上海财经大学高等研究院。

图 52　二手房挂牌价指数

在不同级别城市内部，房价复苏态势同样表现出显著的分化。一线城市的房价整体上升，但城市内部涨跌互现。图 53 显示了一线城市二手住宅价格指数当月同比变化。[①] 2023 年上半年，北京房价保持同比上涨，进入第二季度后增速放缓，5 月涨幅回落至 2.8%，较上月收窄 0.5 个百分点；上海房价第一季度加速上涨，5 月涨幅回落至 1.7%。环比表现方面，2023 年 1—4 月北京房价保持涨势，5 月转为环比下降 0.6%；上海房价第一季度持续上涨，随后 4 月、5 月分别环比下降 0.2% 和 0.8%。同时，广州和深圳房价持续下行，广州房价 2023 年度以来同比加速下降，5 月跌幅达到 1.4%，较上月扩大 0.4 个百分点；深圳房价第一季度跌幅收窄后出现回调，5 月同比下降 1.6%，跌幅较上月扩大 0.2 个百分点，但相比 2022 年降势趋缓。环比来看，第一季度广州房价自 2022 年下半年以来首次转正，2—4 月环比分别上涨 0.5%、0.2% 和 0.3%，5 月转跌 0.2%，深圳房价也迎来环比转折，1—4 月环比分别上涨 0.6%、0.5%、0.3% 和 0.5%，5 月转为下降 0.1%。一线城市二手住宅价格指数累计同比变化显示了类似的结果（见图 54）。相比 2020 年同期，2023 年上半

---

① 选择二手住宅是因为受限价政策影响较小，更接近市场真实情况，不过一线城市新建商品住宅价格的分化复苏特征与二手房价基本一致。

年北京和上海的房价大致表现为平稳上涨,但对比过去两年的同期房价仍存在差距;广州和深圳的房价则首次低于 2020 年同期水平。总体来看,2023 年上半年一线城市二手房价的复苏动力主要来自北京和上海,深圳和广州的房价回暖相对较弱,相比往年同期持续下行,进入第二季度后一线城市房价复苏进程明显放缓。

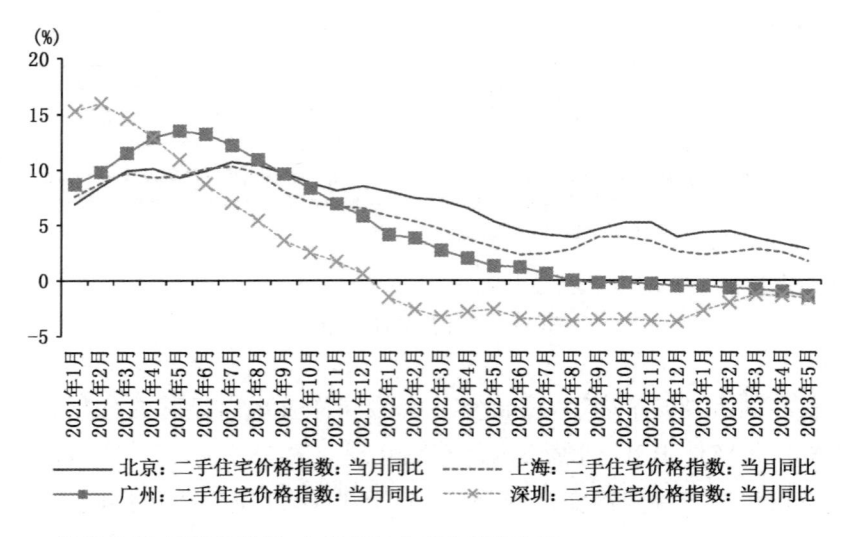

数据来源:国家统计局、上海财经大学高等研究院。

图 53　一线城市二手住宅价格指数当月同比增长率

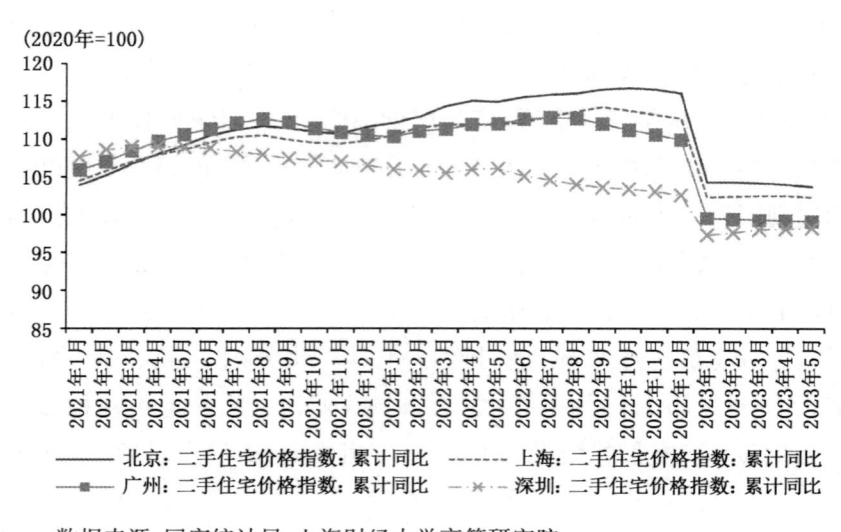

数据来源:国家统计局、上海财经大学高等研究院。

图 54　一线城市二手住宅价格指数累计同比

类似地,二、三线城市的房价整体下跌的背后,各城市涨跌不一,大部分城市在 2023 年第一季度房价回春,随后房价上涨城市数量大幅下降,截至 2023 年 5 月,已有超过 70% 的城市房价转跌。图 55 和图 56 分别显示了 2023 年上半年二、三线城市二手住宅价格的环比涨跌数量变化。从图中可以看出,第一季度二线城市内部的房价下跌城市数量明显下降,尤其是 2 月、3 月有超过 70% 的城市房价上涨,进入第二季度后上涨城市数量下降,5 月减少至 9 个。大部分三线城市第一季度房价回升,节奏相比二线城市稍慢,房价上涨城市数量在 3 月达到峰值,有 26 个,5 月显著减少至 9 个,但仍然高于过去两年的水平。综合来看,二、三线城市房价 2023 年上半年均表现出短期复苏并随后回调的趋势,与一线城市以及全国房价的表现相似,表明我国居民对房地产市场的复苏预期仍不稳定。

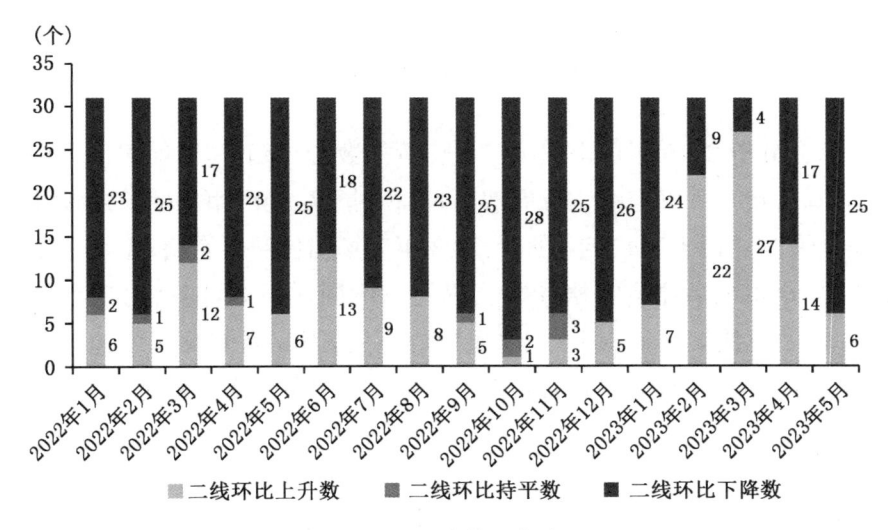

数据来源:国家统计局、上海财经大学高等研究院。

图 55　二线城市二手住宅价格指数环比涨跌数量

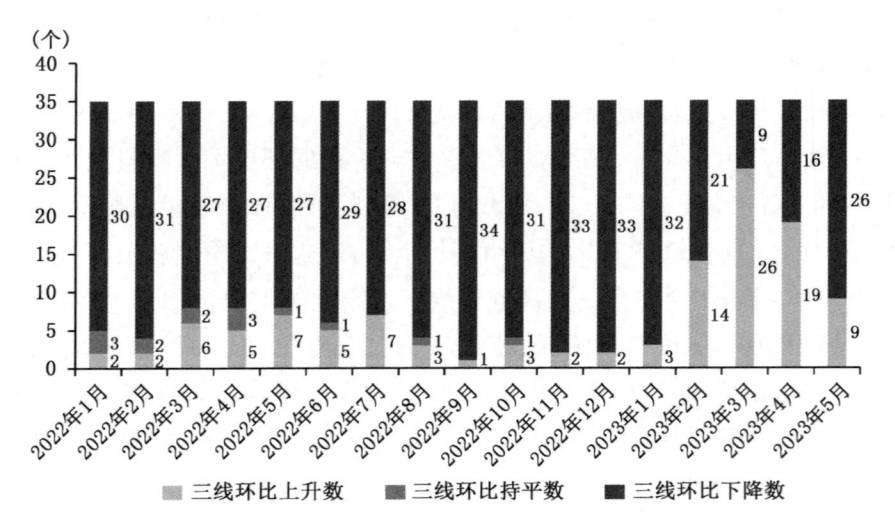

数据来源：国家统计局、上海财经大学高等研究院。

图 56　三线城市二手住宅价格指数环比涨跌数量

综合分析 2015 年以来我国二手房价指数变化趋势，当前房价周期仍处于 2021 年 7 月以来的下行周期内，市场对于房地产市场的长期预期并未完全恢复。相比 2022 年，随着 2023 年市场销售回暖企稳，年初呈现上涨态势，全国二手住宅价格指数在第一季度同比上升，随后出现小幅回落，一、二、三线城市均有下跌，居民信心不稳，因此当前我国房地产市场依然面临长期预期较低的问题，未来房地产市场的复苏仍然面临挑战。

(二)房地产企业资金有所改善

从资金到位情况看，2023 年 1—5 月房地产开发到位资金累计 55 958 亿元，同比下降 6.6%，降幅较 2022 年同期大幅收窄 19.2%，显示了房企资金链的改善。但跌幅较上月累计同比扩大 0.2 个百分点，这表明房地产企业的资产负债表改善还未提上日程，资金复苏形势依然错综复杂。从资金来源看(见图 57)，1—5 月利用外资累计 15 亿元，同比大幅下降 73.5%，自筹资金累计 16 267 亿元，同比下降 21.6%，跌幅在第一季度收窄后再度扩大，较上月增加 2.2 个百分点，并且自 2022 年以来大致表现为加速下行，房企资产负债表状况仍需进一步改善。资金增长动力则主要来自其他资金，对应上半年房地产销售情况的复苏改善。1—5 月其他资金累计 32 503

亿元,在资金来源合计中占比高达58%,同比增长4.02%,涨幅较上月扩大1.42%,其中定金及预收款、个人按揭贷款分别累计19 878亿元和10 354亿元,同比分别增长4.4%和6.5%,较上月分别扩大0.4%和4%,这也是两类资金自2022年以来同比首次止跌转增(见图58)。随着

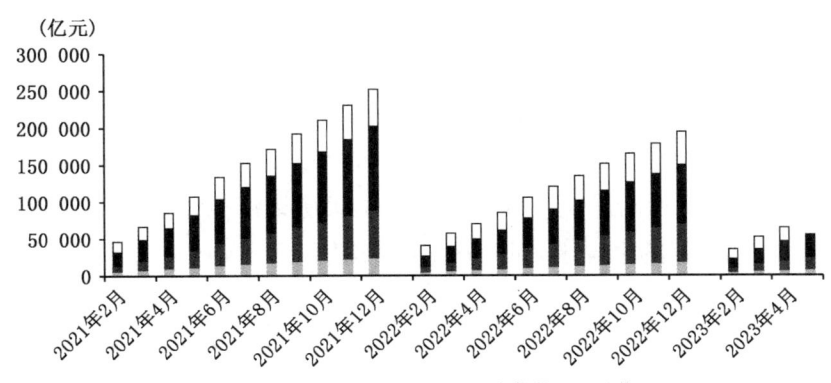

数据来源:国家统计局、上海财经大学高等研究院。

图57 房地产开发资金来源累计值

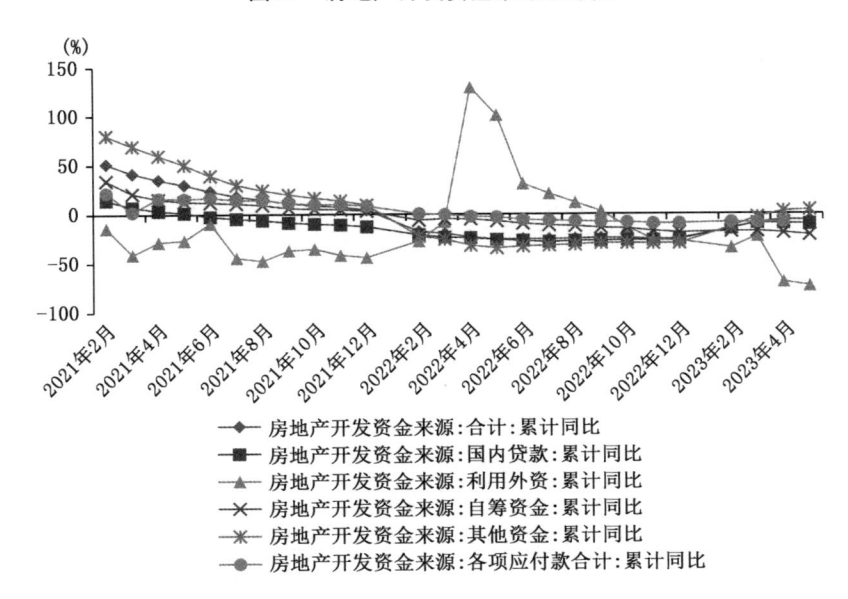

数据来源:国家统计局、上海财经大学高等研究院。

图58 房地产开发资金来源累计同比

"三条红线"新规加强了对房企自身负债情况的监管,房地产企业依靠销售环节获得的资金支持将越来越重要,综合上半年的销售表现分析,房地产市场信心仍不稳定,同时随着新阶段的到来,简单短期的市场端刺激政策可能并不适用,新一轮房地产市场的资金调整仍然面临挑战。

(三)房地产开发投资形势依然严峻

2023年1—5月,全国房地产开发投资45 701亿元,同比下降7.2%,降幅在第一季度收窄后再度扩大,同时较2022年同期扩大了3.2%(见图59)。不断下滑的房地产开发投资显示了房地产企业在资产负债表并未得到根本修复的情况下,对于投资的信心不足。

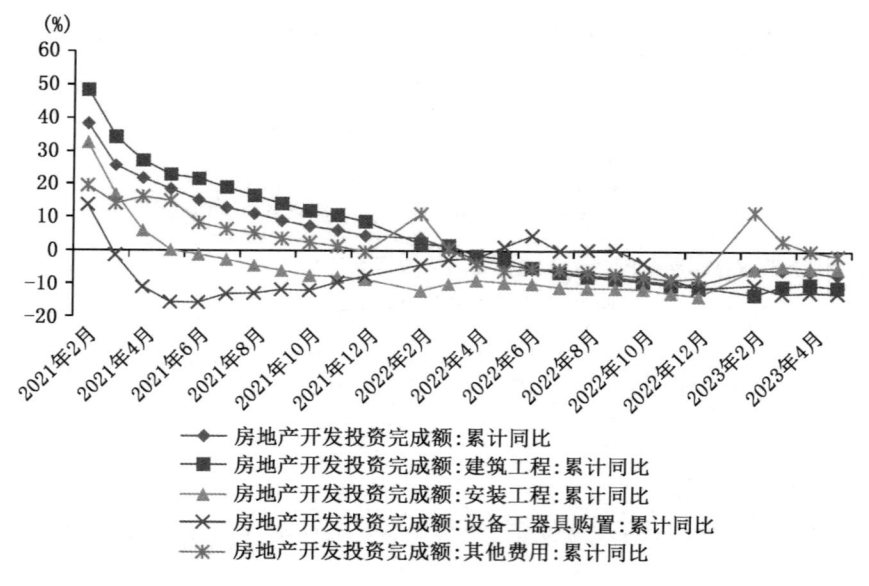

数据来源:国家统计局、上海财经大学高等研究院。

图59 房地产开发投资及其构成完成额累计同比

从开发投资构成看,建筑工程作为最重要的投资构成,2023年1—5月投资额累计25 350亿元,同比下降10.9%,跌幅较上月扩大0.9%,已超过一年同比持续下降,房地产开发活动仍处于收缩和调整阶段。其他费用主要包括房地产企业的土地购置费用,2月达到本年度最高同比涨幅11.6%,表明房企2022年的购地热度有所提高,截至2023年5月累计360亿元,同比减少1.5%。

第三章 艰难复苏的房地产市场及其预期管理

在防范和化解头部房企风险的主基调之下,随着"保交楼、保民生、保稳定"的政策稳步推进,2023年以来房屋竣工面积持续同比增长,我们认为这一势头有望得到持续(见图60)。2023年1—5月房屋竣工面积27 826万平方米,同比增长19.6%,涨幅较上月扩大0.8%,其中,住宅竣工面积20 194万平方米,同比增长19%,涨幅较上月小幅收窄0.2%,相关维稳政策取得成效,居民的市场信心得到修复。结合图48来看,当下房地产的复苏仍处于去库存的调整阶段。

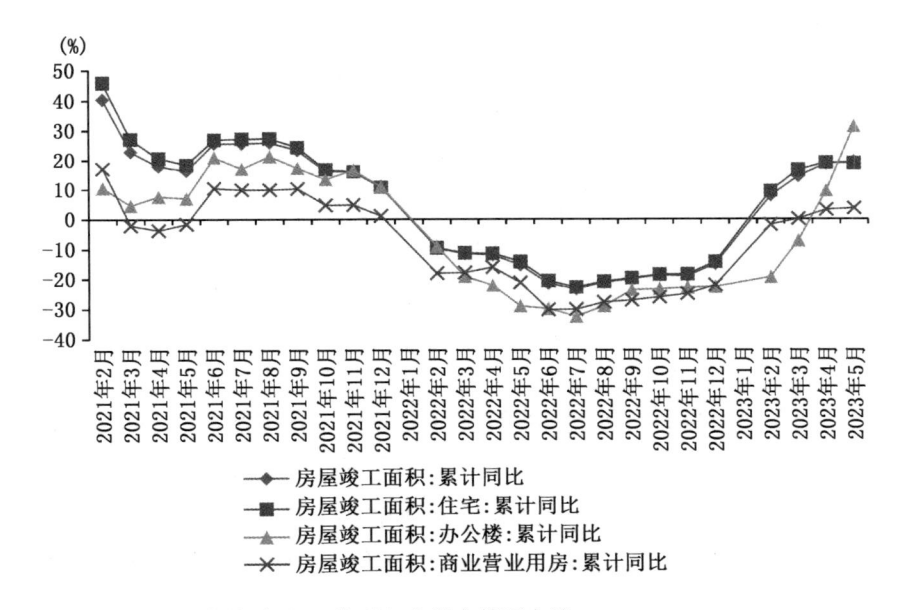

数据来源:国家统计局、上海财经大学高等研究院。

图60 全国房屋竣工面积累计同比

与竣工大幅改善相反,我国房地产市场新开工持续疲软(见图61)。我们认为,由于土地市场回温速度缓慢,房企到位资金改善幅度较小,以及进入第二季度以来我国房地产销售回落带来的不确定性,将持续制约房企新开工的恢复速度。2023年1—5月房地产开发企业房屋施工面积779 506万平方米,同比下降6.2%,其中,住宅施工面积548 475万平方米,同比下降6.5%。1—5月房屋新开工面积39 723万平方米,同比下降22.6%,降幅较上月扩大1.4%,其中,住宅新开工面积29 010万平方米,同比下降22.7%,降幅较上月扩大1.3%。

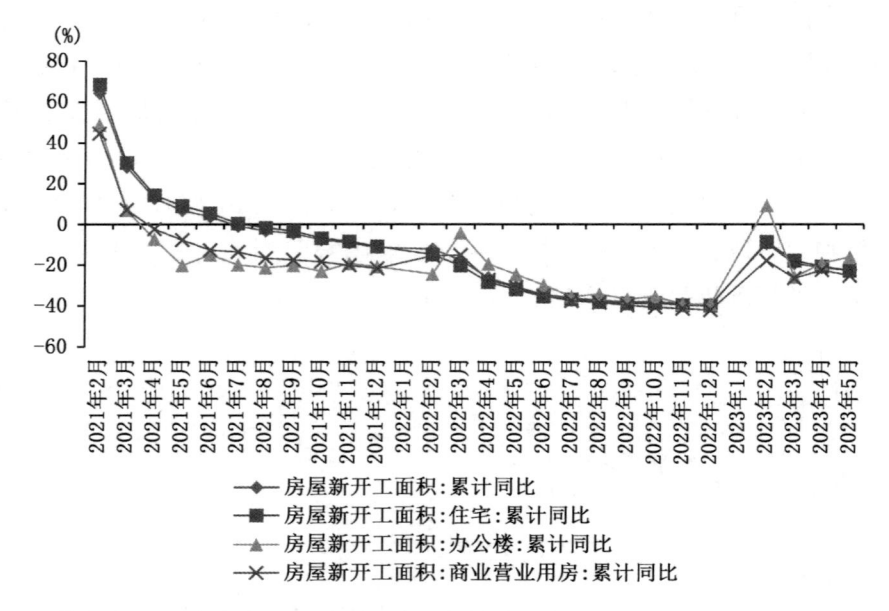

数据来源：国家统计局、上海财经大学高等研究院。

图 61　房地产新开工面积累计同比

另外，房地产开发投资复苏的过程也呈现分化态势。一方面，在住宅投资额持续降低的背后，反映了不同居住需求的开发投资情况出现明显差异（见图 62）。随着近年来居民的改善型需求上升，房企向改善型住房开发的投资倾斜程度提高，这也会相应地延长房地产施工周期和房地产开发投资的复苏节奏。2023 年 1—5 月住宅投资额累计 34 809 亿元，同比下降 6.4%，跌幅较上月扩大 1.5%。其中，90 平方米以下住房投资额 1—5 月累计 6 215 亿元，同比下降 7.9%，跌幅较上月扩大 0.8%；而 144 平方米以上住宅投资额 1—5 月累计 5 633 亿元，2023 年度以来保持增长，5 月同比增长 0.8%，较上月回落 1.4%。另一方面，地区之间的投资情况也出现分化，西部地区开发投资加速收缩，东部地区投资跌幅则持续收窄（见图 63）。2023 年 1—5 月东部地区房地产开发投资累计 27 327 亿元，同比下降 2.1%；中部地区房地产开发投资累计 9 173 亿元，同比下降 8.4%，跌幅较上月收窄 0.5%；西部地区房地产开发投资累计 8 221 亿元，同比下降 18.2%，跌幅较上月扩大 3.4%。

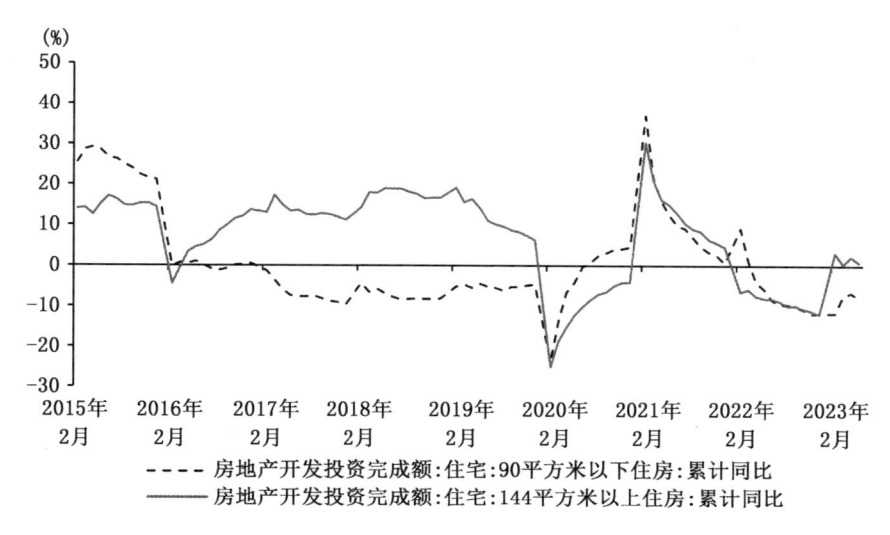

数据来源：国家统计局、上海财经大学高等研究院。

图 62　全国分类型房地产开发投资完成额累计同比

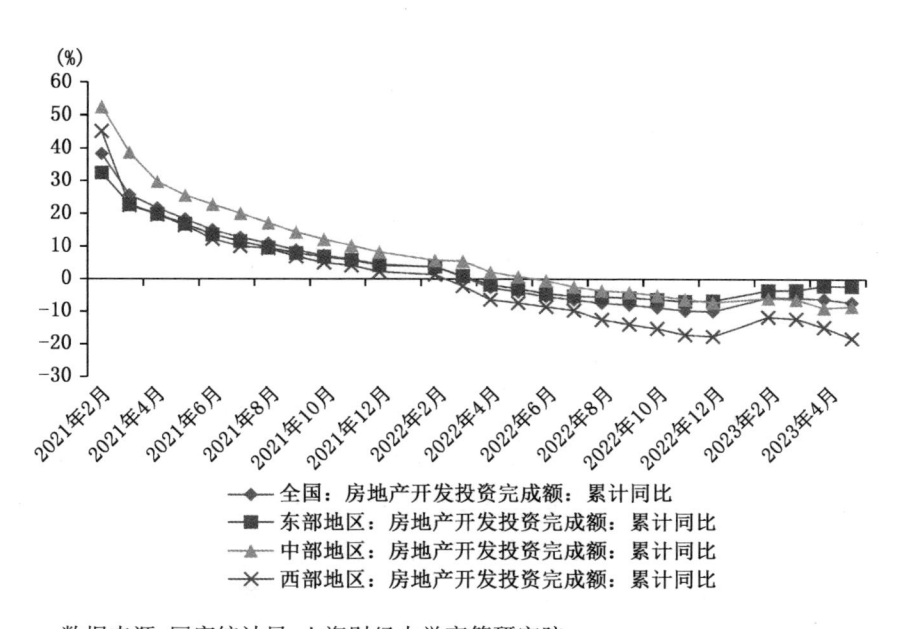

数据来源：国家统计局、上海财经大学高等研究院。

图 63　全国及分地区房地产开发投资完成额累计同比

最后，综合全国房地产开发行业景气指数来看，自 2022 年以来，我国国房景气指数持续下降（见图 64）。2023 年第一季度国房景气指数自

2022年以来首次转增,出现明显的复苏迹象,5月小幅回落至94.56。总体来看,房地产开发行业景气水平仍然略低于适度区间,虽然呈现复苏态势,但是进入第二季度以来,回暖步伐放缓,需要在化解、防范风险的同时,稳定房地产市场信心,促进房地产开发行业的长期健康发展。

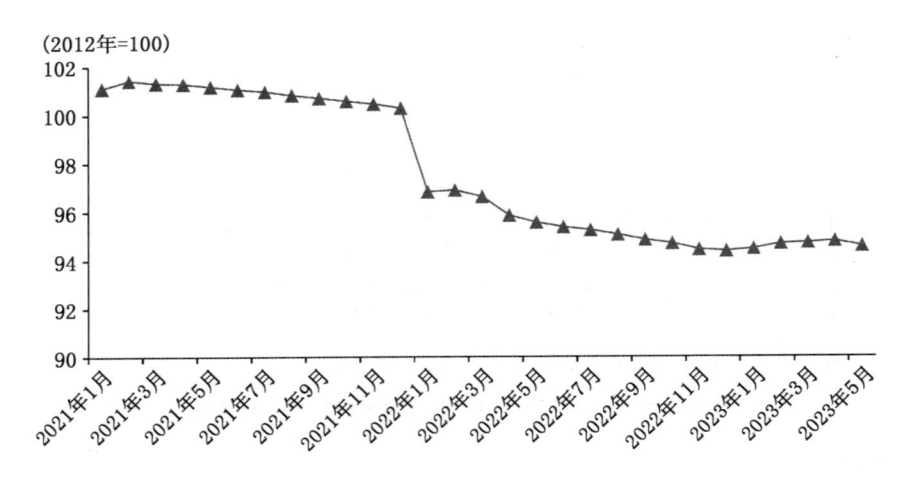

数据来源:国家统计局、上海财经大学高等研究院。

图64 国房景气指数

(四)土地市场缓步回温

2023年1—5月,地方政府国有土地使用权出让收入累计14 893亿元,同比下降20%,下行幅度收窄1.7个百分点,呈现缓慢复苏的态势(见图65)。同时关注土地市场的供给与交易状况,进入第二季度各地土地供应不断减少,一、二、三线城市土地供应同比下降46.9%、50%和37.7%。第一季度土地市场恢复缓慢,100个大中城市供应土地数量大于成交数量,但至5月,成交数量超过供应数量,土地市场开始缓步回温(见图66、图67)。考察一、二、三线城市的土地的超额供给①状况,2023年初我国主要大中城市均存在土地超额供给的状况,进入4月一线城市土地超额供给迅速转负,5月二、三线城市均出现土地成交量大于供应量的情况(见图68)。随着销售回温企稳,房企的信心逐步修复,土地市场也处于缓慢回温

---

① 土地超额供给=(土地供应量−土地成交量)/城市数量。

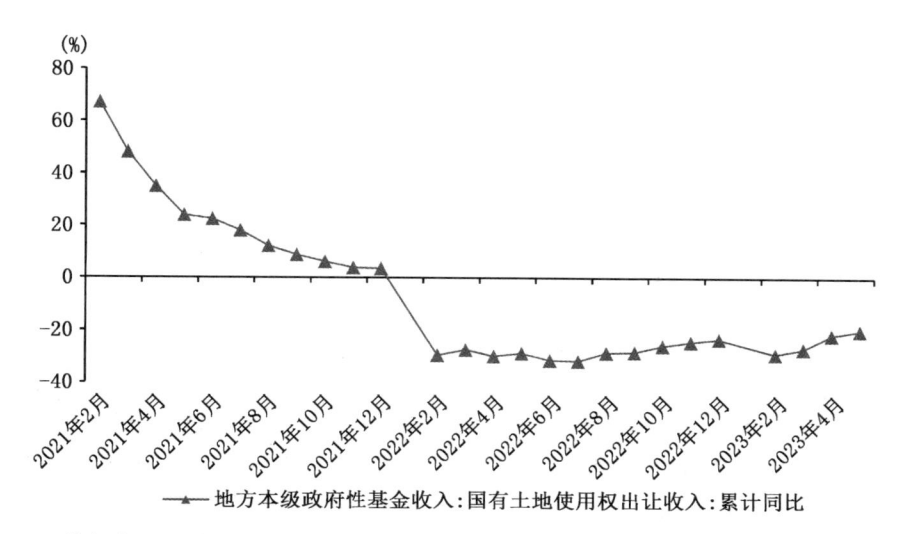

第三章　艰难复苏的房地产市场及其预期管理

数据来源：国家统计局、上海财经大学高等研究院。

图 65　地方本级政府性基金收入：国有土地使用权出让收入

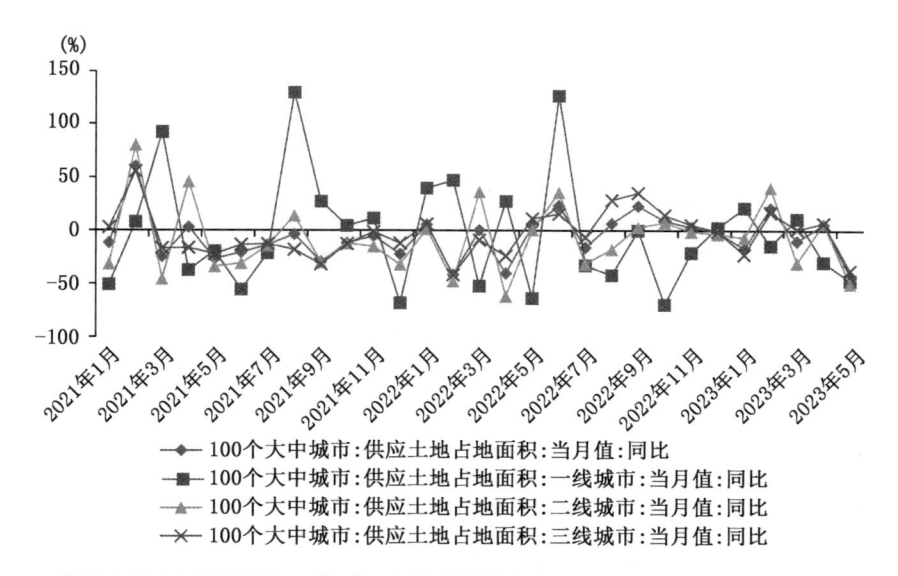

数据来源：国家统计局、上海财经大学高等研究院。

图 66　全国 100 个大中城市供应土地占地面积同比

数据来源：国家统计局、上海财经大学高等研究院。

图 67　全国 100 个大中城市土地交易状况

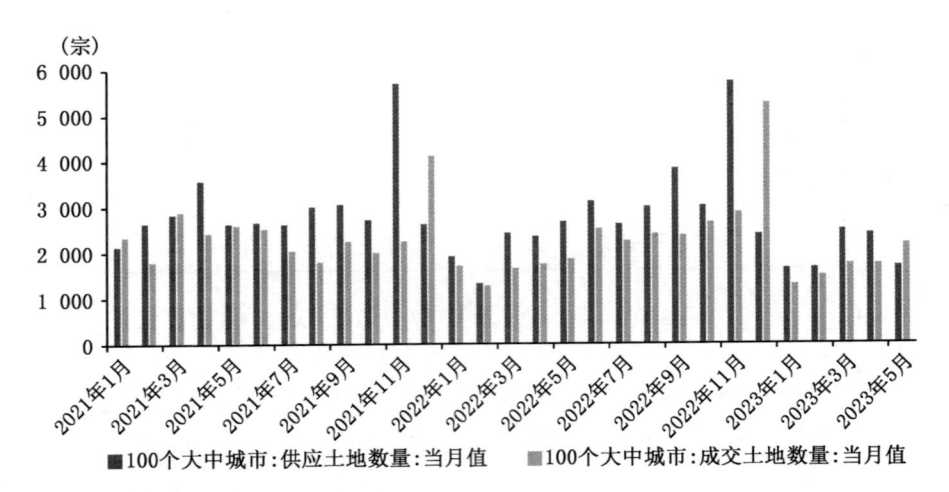

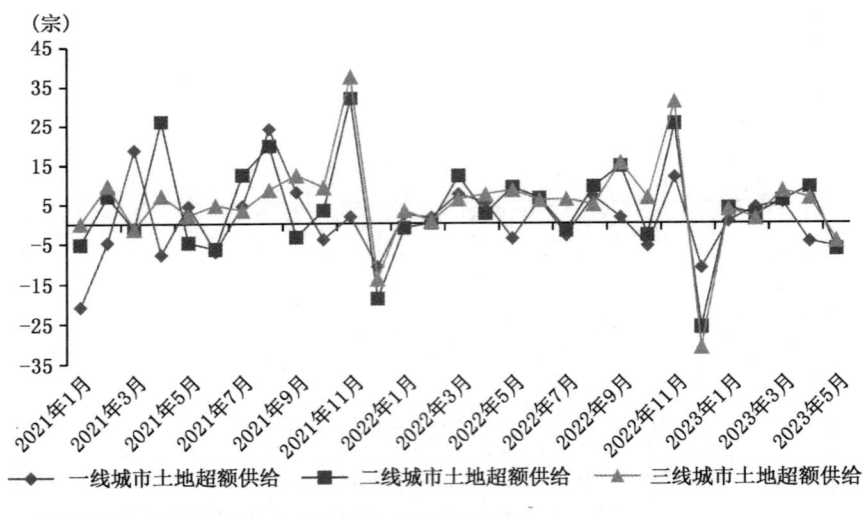

数据来源：国家统计局、上海财经大学高等研究院。

图 68　全国城市土地超额供给

中,但形势依然严峻。5月总体成交规模为2 178宗,由于基数效应,同比上升17.7%,但相比2021年同期仍下降16.1%,远未恢复至下行周期前的水准。从成交土地溢价率看(见图69),目前全国整体土地市场仍处于较为清冷的状态,反映出房地产市场面临着长期预期较弱的问题。同时,各城市之间呈现分化的趋势。随着政策利好信号以及第一季度销售恢复,一、二线城市土地溢价率回暖势头强劲,进入第二季度成交土地溢价率已经恢复到2022年下半年来的最高水准,虽然5月有所回落,但同比上涨均超过100%,三线城市土地溢价率还处于下行阶段,5月成交土地溢价率同比下降61.2%,整体土地市场恢复状况区域分化严重。

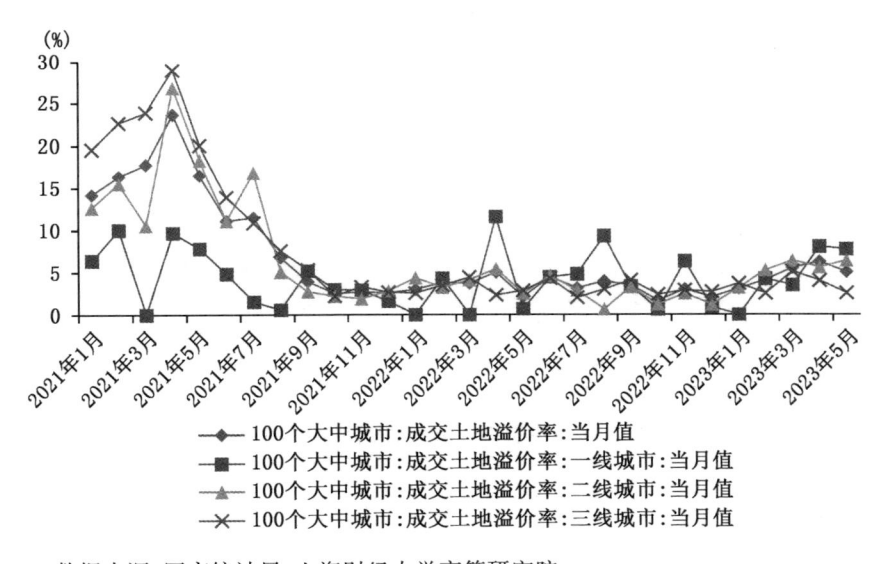

数据来源:国家统计局、上海财经大学高等研究院。

图69 全国100个大中城市土地溢价率

结合住宅类用地的土地挂牌平均价格与成交楼面均价的变化趋势(见图70),土地市场的地区分化同样十分显著。一线城市的挂牌价格与成交价格波动明显,且成交均价与挂牌均价存在较大偏离。进入2023年第二季度,土地挂牌均价高于成交楼面均价,且成交楼面均价环比大幅上涨,4月环比涨幅超过100%,5月环比涨幅为32.9%,挂牌价格与成交价格都达到2021年以来最高。二线城市住宅类用地成交均价与挂牌均价基本一致,5月成交均价环比上涨54.8%,也上涨至2021年以来最高。三线城市住宅类用地价格整体下行,5月成交均价同比仅上涨0.1%,与

一、二线城市表现的价格上涨趋势不同,三线城市5月楼面均价较2021年同期下降了15.4%。一、二线城市的土地市场已经在第一季度销售回暖的影响下,逐步回温,政府减少土地供给,导致土地均价大幅上涨,土地市场传递了较为乐观的复苏信号,而三线城市土地市场收到长期市场预期的影响,复苏相对疲软,市场预期不确定性较大。

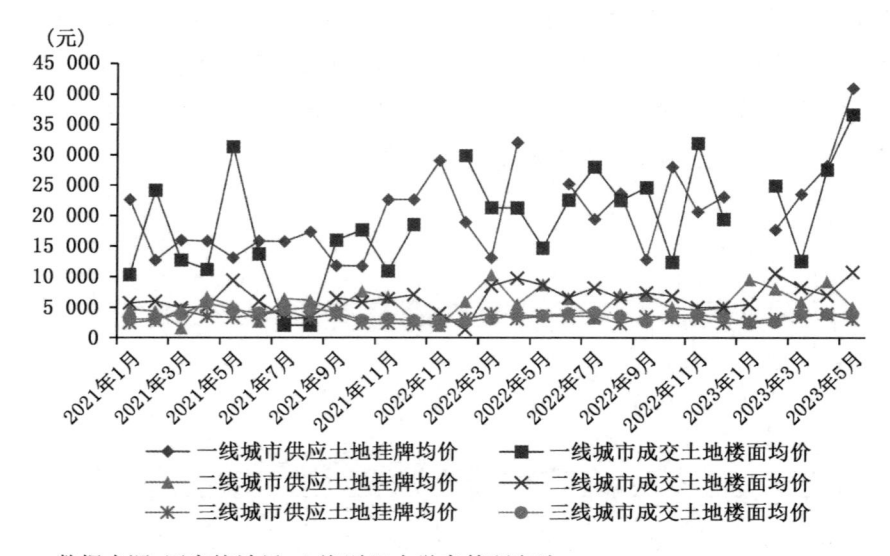

数据来源:国家统计局、上海财经大学高等研究院。

图70 全国住宅类土地挂牌均价与成交楼面均价

(五)人口与房价

庞大的人口基数和快速的城市化是推动我国房价在过去二十年中不断上涨的重要原因。2023年以来我国各个城市房价的涨幅呈现分化的特点,这与不同城市吸引人口的能力密切相关。图71显示了35个大中城市2020—2022年的平均人口增速与2023年1—5月房价同比增速的关系。从图中可以看出,人口增速快的城市由于有了基本的需求端保障,因此房价增速相对较高。其中代表性的城市是成都,过去三年的平均人口增速在样本城市中是最高的,达到了年均9%的水平。同时,2023年以来成都的房价增速也是最快的。

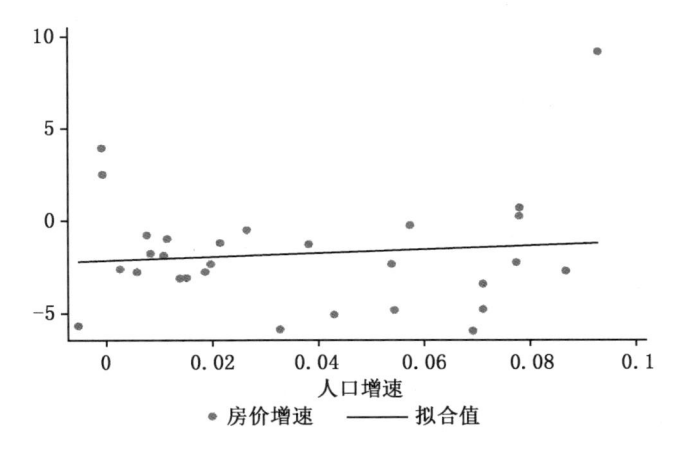

第三章 艰难复苏的房地产市场及其预期管理

数据来源:国家统计局、上海财经大学高等研究院。

图 71　房价增速与人口增速

由此可见,人口数量是影响城市房地产市场的核心基本面因素。但近年来,我国出生人数不断下降,从 2016 年 1 883 万的高点下滑至 2022 年的 956 万,自新中国成立以来首次跌破 1 000 万的门槛;同时,人口出生率也下滑至 2022 年的 6.77%。全国总人口也在 2022 年出现了负增长。因此,从长期来判断,结合国际经验,如果我国人口数量在未来不断下滑,那么房屋的需求总体将呈现下滑的趋势。特别是对于人口一直处于净流出状态的三、四线城市来说,一方面房屋库存压力大,另一方面房屋需求量不断萎缩,这将给三、四线城市的房地产市场带来较大冲击。因此,房地产市场的发展需要走出原来依赖于城镇化的发展模式,在顶层设计上因势利导,寻求新的发展思路。

二、房地产预期管理

(一)房地产市场中公众的主观预期及其影响

房地产行业是我国宏观经济的重要组成部分。2022 年,房地产开发投资达到固定资产投资的 23.2%。按增加值测算,近 5 年房地产业占 GDP 的平均比重即直接贡献达到 7%。保持房地产市场的平稳运行是确保我国宏观经济稳定发展的关键所在。自 1998 年城镇住房制度改革以来,房地产价格经历了多轮快速上涨。根据国家统计局数据,1999—2022年,35个城市的住宅销售价格平均上涨了6倍。2003—2013年期间,我国一、二线城市的年均房价上涨幅度约为13.1%,远高于美国1996—2006年房价大繁荣期间一线城市5%的房价上涨幅度(Glaeser等,2017)。

现有研究表明,投机性预期下的炒房行为是推动房价快速上涨的重要原因(张航和范子英,2021;高波等,2013;况伟大,2010)。房地产市场中的投机性预期引发的炒作行为会导致房价脱离其居住价值而持续上涨的现象,最终挤出实体经济,造成宏观经济脱实向虚。针对此类投机炒房行为,习近平总书记在十九大报告中强调,要"坚持'房子是用来住的、不是用来炒的'定位""让全体人民住有所居"。在"房住不炒"的政策定位下,我国提出了房地产市场调控稳地价、稳房价、稳预期的"三稳"目标。"三稳"目标中最重要的是通过稳定预期遏制投机炒作,使住房回归居住和民生属性。本部分将不局限于当前的房地产市场状况,而基于我国房地产市场的历史表现,重点研究公众的投机性预期及其引发的炒房行为对于房地产市场以及宏观经济的影响。

由于公众预期在现实中很难直接观测,因此设计调查问卷是获取大样本微观预期数据的主流方法之一。随着预期调查数据的丰富和完善,使用预期调查数据来研究公众的主观预期是近年来的研究热点之一。在我国,质量最高、覆盖时间最长的房价预期调查数据来自中国人民银行城镇储户问卷调查报告。中国人民银行每个季度在全国50个大中小城市、400个银行网点各随机抽取50名储户,全国共20 000名储户作为调查对象,发放调查问卷。问卷调查分为四个部分:收入感受指数、就业感受指数、物价和房价预期以及消费、储蓄和投资意愿。

在房价预期方面,调查问卷设置了对于下季度房价预期涨幅的四项定性选择,分别为"上涨""基本不变""下降"和"看不准"。我们参照央行构建物价预期增速指数的方法,将定性选择转换为定量房价预期增速指数。首先扣除选择"看不准"的居民数,然后分别计算认为房价"上涨"与"基本不变"的居民占比,再分别赋予权重1和0.5后求和得出。样本区间为2011年第三季度到2023年第一季度。[①]

[①] 其中2012年第二季度到2013年第一季度的数据缺失。

图 72 展示了房价预期增速指数的历史数据。从历史数据来看,公众对于房价的乐观预期从 2015 年下半年到 2018 年底不断提升。但随着各类型"房住不炒"政策的不断实施,公众预期从 2019 年初开始不断走低,其间虽有小幅反弹,但自 2021 年下半年开始,房企违约风险的加剧叠加疫情冲击使得房价预期在 2022 年第四季度降到了历史最低点。但 2023 年以来,随着房地产市场的温和复苏,预期数据有所修复。

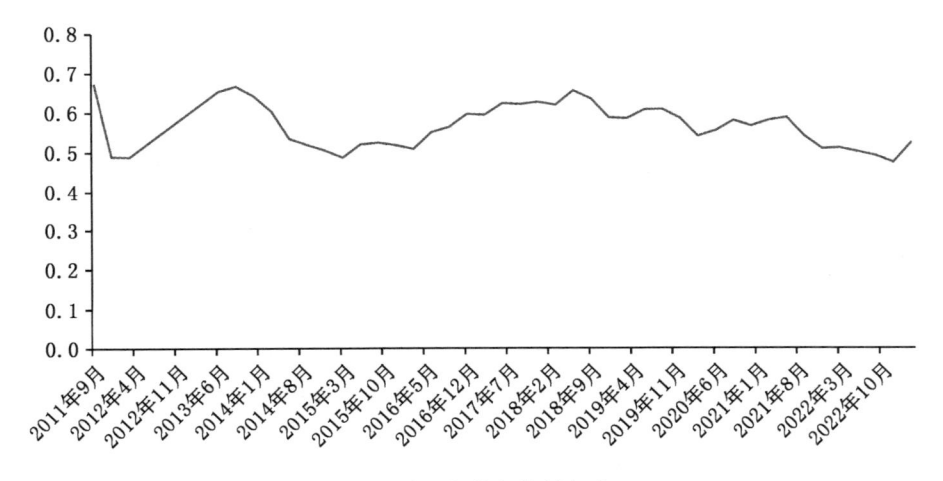

数据来源:中国人民银行、上海财经大学高等研究院。

图 72 房价预期增速指数

为了更进一步分析我国公众的主观预期所具有的特征,表 1 报告了房价预期增速指数与实际房价指数之间的相关系数。关于实际房价指数,由于新房成交价受限价等政策的影响,不能很好地反映市场供需平衡时的价格,所以我们使用了国家统计局公布的 70 个大中城市二手住宅价格指数。第二列显示的是相关系数的估计值,第三列为估计量的 P 值。Eq_g 为房价预期增速指数,q_{t1}、q_{t2}、q_{t3} 和 q_{all} 分别为一线、二线、三线城市和整体的房价指数。q^r 为整体的房价房租比,其中房租指数来自统计局公布的租赁房房租指数。从表 1 中我们发现,房价预期增速指数与一线、二线、三线城市和整体房价指数都存在着显著的较强的正相关性。同时,正相关性也存在于房价预期增速指数与房价房租比的关系中。

表 1　　　　　　预期房价增速指数与实际房价指数的相关系数

	相关系数	P 值
$\text{corr}(Eq_g, q_{t1})$	0.36	0.09
$\text{corr}(Eq_g, q_{t2})$	0.61	0.01
$\text{corr}(Eq_g, q_{t3})$	0.78	0.00
$\text{corr}(Eq_g, q_{all})$	0.69	0.00
$\text{corr}(Eq_g, q^r)$	0.88	0.00

数据来源：中国人民银行、上海财经大学高等研究院。

上述结果表明,根据中国人民银行城镇储户预期调查数据,我们发现真实房价与预期增长指数之间存在显著的正相关关系,即房价越高(低),人们预期房价继续上涨(下跌)的幅度也会越高。这正符合投机性预期的特征,同时也是房地产市场产生投机炒作现象,越涨(跌)越买(卖)、越买(卖)越涨(跌)的根源。相对于房屋的居住价值,公众更在意房屋价格变化带来的回报。当公众主观预期下一期房屋会有更高(低)价格时,就会在当期购买(抛售)更多的房屋,而对于房屋更高(低)的需求会在当期即推高(降低)房价。更高(低)的房价会使得公众形成更加乐观(悲观)的价格预期,从而产生预期与实际价格之间相互加强的正反馈机制。

基于以上实证结果的发现,为了准确刻画我国房地产市场中的投机炒作行为,并研究其对于宏观经济的影响,我们在动态随机一般均衡分析框架中引入了基于适应性学习的投机性预期,即假设人们会根据上一期房价的主观预期与真实房价之间的关系更新当期的主观预期,并且主观预期的形成与房屋居住价值不是直接相关,而是更在意房价变动的直接回报。在这一学习效应的作用下,当实际房价由于非预期的房地产市场调控政策放松等原因提高时,人们对未来房价的主观预期也会上调,从而导致投机性需求增加,并进一步推高房价,形成实际房价与房价增速预期之间的正反馈机制。

图 73 是我们结构模型的量化分析结果。浅色虚线代表投机性预期下各宏观变量的变化,深色曲线代表理性预期下无投机时的变量变化。从结果可以清晰看出投机性预期有力地放大了房地产市场乃至宏观经济的波动。当家庭出于投机性动机进行购房活动时,在观察到一单位非预期的需求上升导致的房价上涨后会显著上调房价增速预期,对应的房价

增长预期将很快提高。在两组参数下，房价增长预期均在第 5 个季度左右上升到最高点，上涨幅度相对于无投机行为时高出一个数量级。更加乐观的预期会促使家庭进一步购买房屋以求获取房屋作为资产的增值性收益，表现出"越涨越买"的现象。此类投机性购房需求会进一步推升房价，导致"越买越涨"的结果，房价会加速增长，在第 5 个季度高出平稳状态 3% 左右，最终形成了模型中实际房价与房价增长预期之间的正反馈机制。这样的正反馈机制与实证数据发现的结果是一致的，但导致房价远远偏离房屋的基本面价值，表现出波动明显的投机性泡沫。

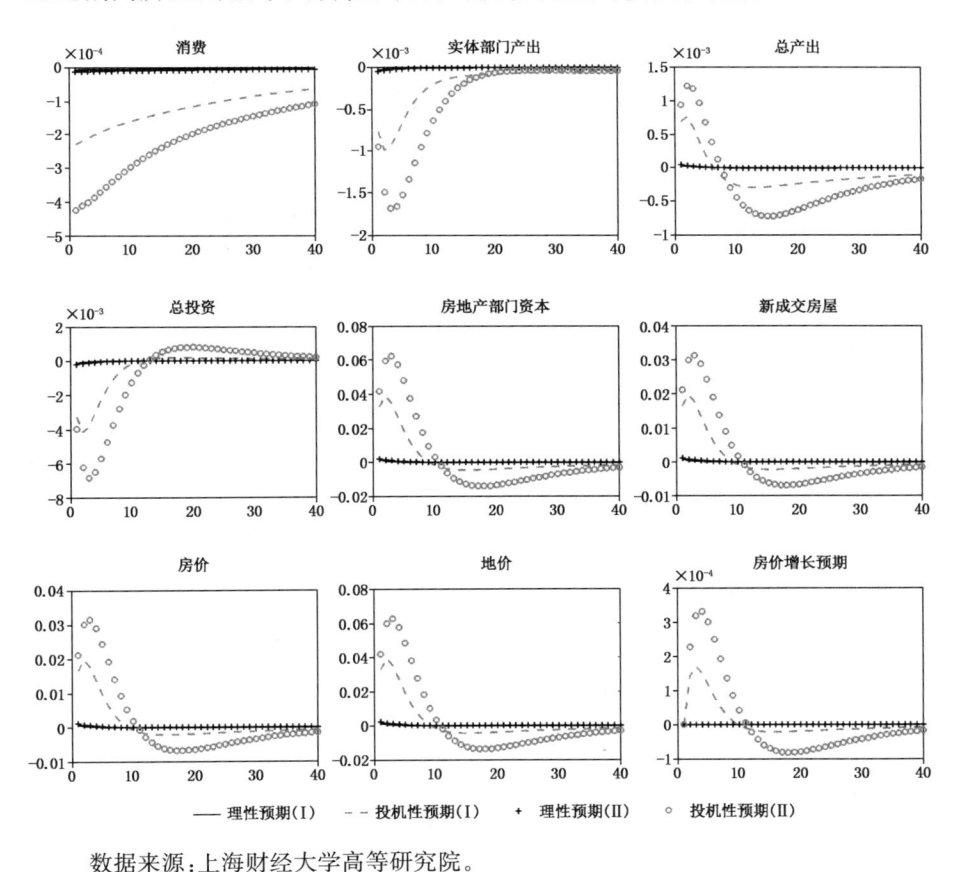

数据来源：上海财经大学高等研究院。

图 73　结构模型的量化分析

从对于宏观经济的影响来看，在投机性预期下，房价的大幅度上升一方面会较无投机行为时在短期内更加显著地促进房地产部门投资，并拉升总产出。房地产部门投资最高时较平时水平上升 4%～6%，拉动总产出最高上升0.1%左右。另一方面,房地产部门的繁荣会更严重地挤出消费和实体部门产出,导致消费和实体部门产出分别较平时水平下降0.04%和0.15%,使得宏观经济结构失衡,进一步脱实向虚。

进而,从经济受冲击后波动的时长来看。当房价的上升在第5个季度到达峰值后,从一般均衡角度来看,房价的快速上升促使新建房屋供给大幅提升,供给的增多会抑制房价过快上涨。当实际房价的上涨幅度不及主观预期时,公众会不断调低主观预期,造成房价开始下跌。从量化分析结果可以看出,从第10个季度开始,主观预期由正转负,房价和地价同样开始下跌。房价的下跌会抑制房地产投资和总产出。最终,在投机性预期下,经济中的各主要变量均需要8年左右的时间来恢复到稳态的水平上,远高于无投机行为时所需的时间。

前面的分析主要从房地产市场正向冲击角度解释了自2003年以来我国房地产市场一路上扬的原因。但我国房地产市场自2022年下半年以来遇冷,房地产企业违约风险加剧、需求端预期变弱。从结构模型出发,我们可以分析当前公众主观预期的现状及其对宏观经济的影响。从房价预期增速指数可以看出,自2021年下半年以来,由于受新冠疫情以及房地产市场调控政策等因素的影响,预期指数一路走低,在2022年第四季度达到有历史数据以来的最低点。基于结构模型,我们可知悲观的房价增速预期会导致对于房屋的需求大幅减弱。当公众形成房价下跌的预期,出于投机炒作的动机,他们会减少对于房屋的购买,甚至抛售房屋。对于房屋需求的减少会造成房价下跌,而走弱的房价会进一步导致公众更加悲观的预期,形成负向的正反馈机制。房价的下跌和悲观的预期会进一步抑制房地产部门的投资,造成总产出在短时间内加速下滑。同时,房价的下跌也会拉低土地价格,对地方政府的财政收入产生明显的负面影响。

针对房地产市场的下行状况,2023年第一季度各地方政府纷纷放松房地产市场政策,使得购房者信心有所恢复,积压的需求集中释放,楼市迎来局部"小阳春",销售环比转正,同比显著改善。从预期指数数据也能看出,2023年第一季度的预期指数止跌转涨,回到了0.5以上。从达到2023年5% GDP增速目标的角度来看,通过稳预期来稳定房地产市场是非常重要的。

(二)预期管理

基于以上研究结果,我们发现如何设计房地产市场调控政策以对公众主观预期进行管理是稳定房地产市场以及宏观经济的重要研究问题。我国房地产市场调控政策多种多样,不过近年来大家最为关注的是暂时还未全面推出但已经进入立法阶段的房地产税。因此,我们可以借助结构模型中的优势,并通过模型的反事实模拟实验探讨房地产税对于稳地价、稳房价、稳预期以及稳定宏观经济的作用。

在本部分中,我们设计了两种类型的房地产税率规则。考虑到在实际中房地产税率的改变可能需要经历较为烦琐的行政或者立法过程,因此我们首先分析固定的房地产税率。根据国际经验,我们将房地产税率固定值设置为1%。进一步地,按照美国的房地产税收经验,县一级政府制定的房地产税率可以根据房地产市场状况进行逆周期调整。如果我国的房地产税率在未来也存在可以不断调整的空间,本部分将同样讨论逆周期调整的房地产税率规则是否能够更加有效地调控房价、引导预期。我们假设房地产税率会根据房价而逆周期调整:当房价高于稳态水平时,房地产税相应提高以平抑经济波动;反之亦然。

结构模型的模拟实验结果如图74所示。首先,引入房地产税后,房价和地价的最大反应幅度较无房地产税时分别下降了25%和30%。房价增长预期也得到了有效控制。其次,房地产市场的稳定缓解了对实体部门的挤出,使得总体产出的反应强度也明显下降。不论是在固定的税率还是最优规则下,实体部门产出和总产出在冲击初期的反应幅度减少接近50%。消费的疲软也得到了明显的缓解,下降幅度减少了约40%。其他主要变量如房地产部门投资、新建房屋和政府支出等的反应强度在推出房地产税后也均显著下降。同时,房地产税的推出可以促使宏观经济各主要变量在5年左右恢复到稳态,较无房地产税时缩短了一半的时间。最后,虽然固定的房地产税调控对于稳定房地产部门以及总体宏观经济已然具有一定的成效,但是逆周期调整的房地产税率规则能够随着房价的回稳进行灵活的调整,减弱了经济中各变量对于冲击的反应强度。特别是对于房屋存量和消费的调控效果较为明显,在冲击初期房屋存量和消费的反应在最优规则下较固定税率下降约30%和20%。税率也在

图 74 房地产税政策的调控作用

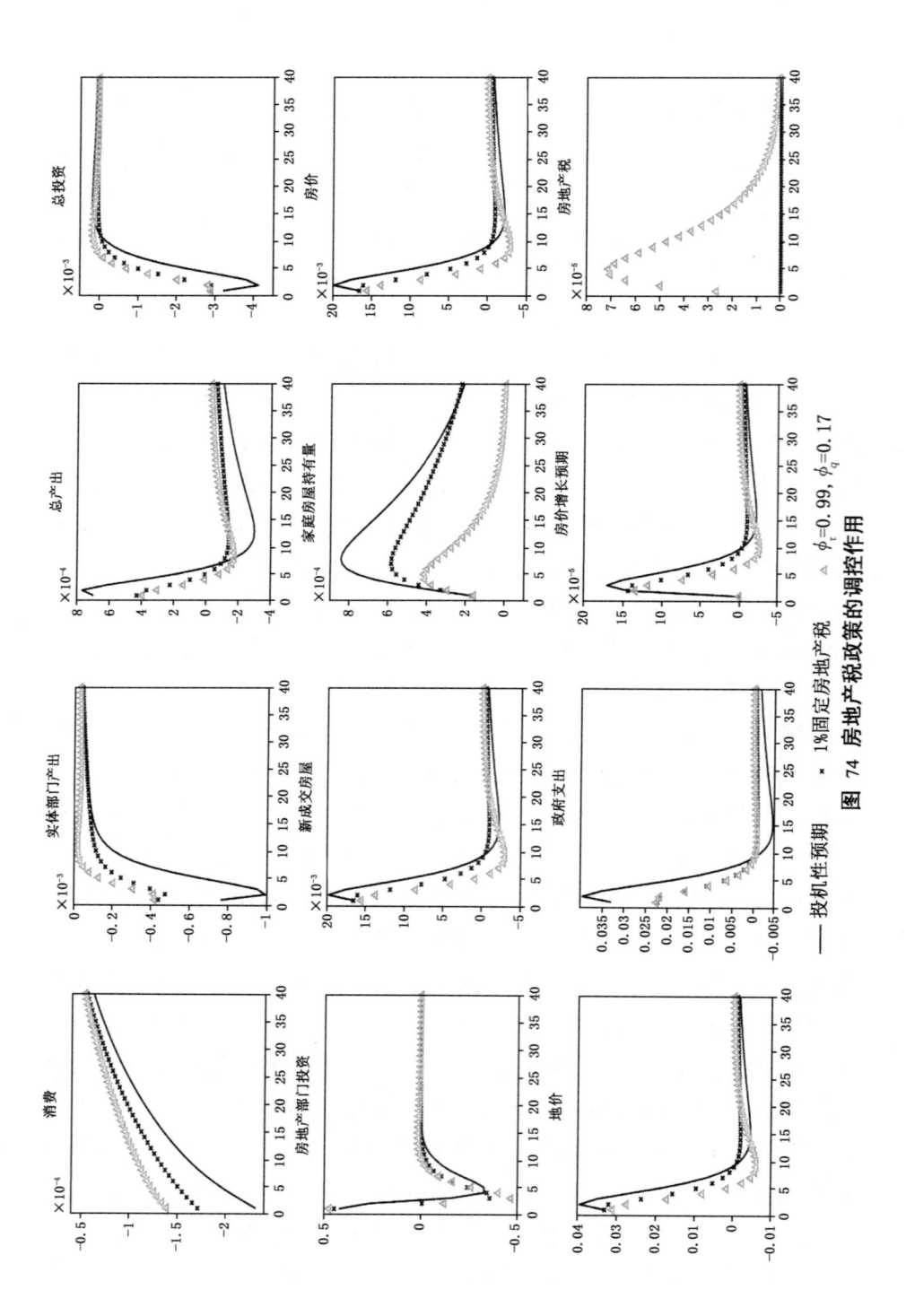

第 5 个季度达到最高后很快下降,不会出现居高不下的情况。

为了进一步验证房地产税对于房地产市场以及宏观经济的稳定作用,通过模拟我们对比了主要经济变量分别在房地产税率为 0、固定房地产税率为 1% 和税率规则下的标准差,结果见表 2。标准差的对比结果再次验证了房地产税能够稳定宏观经济的结论。首先,固定房地产税率和税率规则的实施都使得新建房屋、房价和地价波动的明显降低。其中,在固定税率下,新建房屋、房价和地价的标准差较无房地产税时均下降 20% 左右,而税率规则效果更好,使得标准差能够下降约 30%。这反映出投机性炒房活动的减少,投机性需求得到抑制,房地产部门得以更加平稳地发展。其次,房地产税的推出同样可以稳定实体部门和总产出的波动。如表 2 所示,实体部门产出、总产出和总投资的标准差在固定税率调控下相较于无房地产税时均下降了接近 50%,消费的波动率下降了 12%。税率规则下的房地产税调控效果更强。最后,虽然政府支出的波动在税率规则的调控下相比固定税率略高,但是都明显低于无房地产税时的波动。由于政府执行平衡预算,税率规则下政府支出波动大于固定税率时的波动是税率变动作用的结果。总体来说,结合宏观变量反应分析和标准差对比,我们可以认为房地产税政策可以有效地管理公众预期,是达到"房子是用来住的,不是用来炒的"政策定位的重要政策工具。同时,房地产税能够防止经济脱实向虚,稳定宏观经济周期波动。

表 2　　主要经济变量的标准差

变量	无房地产税	1%固定房地产税率	最优房地产税率规则
消费	0.000 8	0.000 6	0.000 6
实体部门产出	0.002 0	0.001 0	0.000 7
总产出	0.001 8	0.000 9	0.000 8
总投资	0.007 8	0.005 1	0.004 8
房地产部门投资	2.090 2	1.979 7	1.905 7
新房屋	0.037 5	0.028 2	0.024 7
房屋存量	0.003 3	0.002 5	0.001 2
房价	0.037 7	0.028 3	0.024 7
地价	0.075 3	0.056 5	0.049 4
政府支出	0.075 3	0.037 9	0.037 6

数据来源:上海财经大学高等研究院。

虽然我们发现房地产税能够有效地稳房价、稳地价、稳预期，但房地产税自2011年在上海和重庆试点以来，已历经了十余年的讨论。在我国坚持"房住不炒"定位的当下，在全国范围内全面推动房地产税落地依然具有难度。那么，推行房地产税"难"在哪里？投机性预期在其中又将起到怎样的作用？对此，我们进一步考察了从没有房地产税到开征1％房地产税的情况下宏观经济的动态转移路径，图75展示了20个季度即5年内的结果。我们同样将投机性预期和理性预期的情况做了对比。如图所示，当政府将房地产税永久性地从0提升为1％时，更高的房屋持有成本抑制了需求，导致房价下跌。房价下跌造成房地产部门投入和产出的减少，但促进了资源配置到实体部门，增加了实体部门的产出。虽然开征房地产税可以促进实体经济，但突然征收房地产税在投机性预期下会带来不可忽视的短期阵痛。

相对于理性预期，投机性预期放大了宏观变量对于开征房地产税的反应。通过房价下跌—房价增速预期下降—房价进一步下跌的相互加强反馈机制，房价在第5个季度的累计下降幅度从理性预期下的30％增加为投机性预期下的约50％，并且收敛到新稳态的时间明显更长。房屋需求的紧缩导致房地产部门的产出，即新建房屋量在第5个季度累计下降50％，比理性预期的下降幅度多出13％。更重要的是，过度冷却的房地产市场会拖累总产出。理性预期下，总产出在第5个季度的累计下降幅度约为1％，但在投机性预期下这一数字则为2.5％。因为在模型中假设政府执行平衡预算，因此我们也能观察到政府支出或者收入由于税源的突然增加而即刻上升。但随着房地产市场遇冷，政府支出或收入也将随之出现一年的显著回落。

因此，开征房地产税叠加投机性预期会造成宏观经济在短期需要承受不容小觑的阵痛。这样的短期利弊权衡分析为理解我国政府尚未大规模推行房地产税的现状提供了深刻的启示。2023年以来，虽然疫情防控政策的放宽使得宏观经济得以修复，但全面反弹的基础仍不够牢固。家庭和企业，特别是民营企业的资产负债表并未得到完全修复，青年人就业率居高，地方政府债务风险加剧，这些都使得在短期内不宜全面推行房地产税政策。近期，全国人大常委会和国务院公开的2023年度立法工作计划并未涉及房地产税立法，这体现了我国政府对于选择实施房地产税时

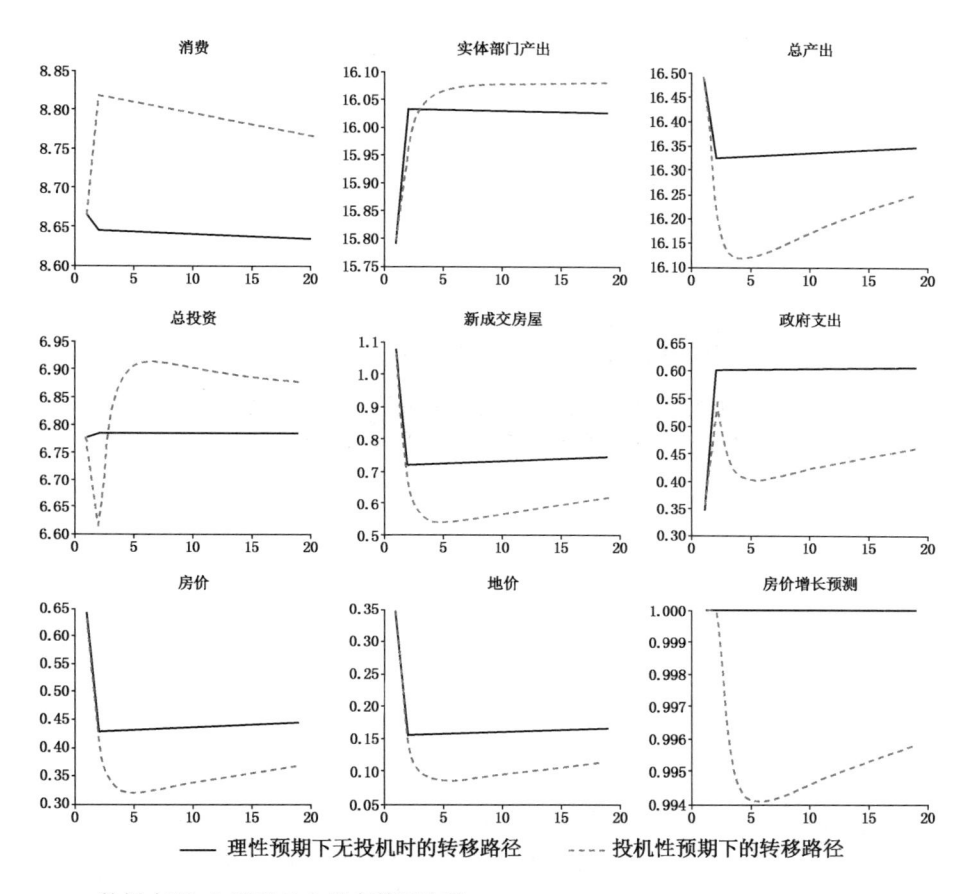

第三章 艰难复苏的房地产市场及其预期管理

——— 理性预期下无投机时的转移路径   - - - - 投机性预期下的转移路径

数据来源：上海财经大学高等研究院。

图 75 征收 1% 房地产税的经济转移动态

机慎之又慎的科学态度。

在短期内不宜全面落地房地产税的情况下，继续放宽已有的非市场化房地产市场调控政策是稳定公众预期、防范房地产市场风险的主要方式。但同时需要注意宽松的程度，防止引发公众过度的乐观情绪，造成新一轮房地产市场投机泡沫。从长期来看，在合适的时机引入具有市场化特征的房地产税作为调控工具是更具效率的选择。

第四章

做实失业保险领取，激发家庭消费需求

一、引言

进入2023年，虽然新冠疫情已成为过去式，但经济的恢复，特别是涉及家庭需求端的恢复，仍不及预期。一方面，2020年初暴发的新冠疫情对宏观经济产生了巨大的冲击。随后疫情的不断反弹使得社会生产和经济发展的恢复进程持续受阻，就业问题积压，失业率一直高于疫情前的时期，尤其是16～24岁青年的失业率更是在2022年7月达到19.9%的最高纪录。即便到了2023年，失业率仍然没有下降至疫情前的水平。另一方面，总需求不足是当前经济运行面临的突出矛盾，最终消费是经济增长的持久动力，发挥消费对经济发展的基础作用是当前经济工作的重点。习近平总书记在2023年第4期《求是》杂志上发表的《当前经济工作的几个重大问题》中指出，要把恢复和扩大消费摆在优先位置，并且在政策实施中，更是提出"要多渠道增加城乡居民收入，特别是要提高消费倾向高、但受疫情影响大的中低收入居民的消费能力"的指导性意见。

然而，虽然我国当前的宏观经济环境亟须对低收入家庭的现金支持，但不断增大的财政压力使得"真金白银"地对低收入家庭进行现金补贴的政策仅停留在讨论的层面上。一方面是疫情冲击后迟迟得不到改善的家庭流动性,另一方面是各方面都亟须财政刺激导致的财政压力。那么,有没有一种政策,既不会对当前的财政施加更多的压力,而且可以起到增加家庭流动性、降低家庭预防性储蓄动机、恢复家庭消费信心的目的?课题组认为,"做实失业保险的领取",使得失业保险物尽其用,即是这样一项政策。

失业保险政策在设计之初,便天然具有经济自动稳定器(automatic stabilizers)的初衷。失业保险金可以给失去工作丧失劳动收入来源的家庭现金支持,帮助家庭更好地平滑消费、对冲风险,从而起到稳定经济的作用。因此,虽然失业保险面临道德风险与失业保障的冲突,但很多国家在经济下行时仍会选择进一步提高失业保险金待遇或者延长失业保险金领取时长,就是为了更好地发挥失业保险政策稳定器的效果。

然而,失业保险的发展在我国却很缓慢。在我国现行的失业保险体系下,一方面对于那些能够领取失业保险金的家庭来说,失业保险金仅与各地的最低工资挂钩,远低于各地社会平均工资水平;另一方面,也是更为严重的,我国的失业保险制度覆盖范围低且存在错配,根据刘军强(2022)的估计,从2008年至今,我国失业保险金的领取率一直低于30%,且2020年更是只有23%。由于领取率的参照是登记失业人数,而我国的登记失业率远低于调查失业率,因此,真实的情况可能更加严峻。

在这一背景下,课题组通过实证分析与结构模型模拟相结合的方法,首先分析了失业冲击的消费抑制效应,指出当前总需求不足的一个重要原因就是失业风险冲击的影响,为做实失业保险领取的政策提供现实基础。其次,课题组将全景展现我国失业保险体系的现状,指出做实失业保险领取的可行性。最后,通过构建Bewley-Huggett-Aiyagari不完全市场异质性家庭一般均衡模型,探讨了做实失业保险领取的稳消费作用。

课题组的研究结果可以总结为悲观和乐观两种情形:由于居民消费在GDP的占比约为38%,因此,悲观情景下,假设失业冲击会对经济产生重大冲击,且失业保险未能发挥作用,则消费下降0.6%会拉低GDP增速0.228(0.6%×38%)个百分点;乐观情景下,假设失业保险做实的政策得以实施,消费较基准情形上升2%会拉高GDP增速0.76(2%×38%)个百分点。

本章结构安排如下：第一部分为引言；第二部分构造了失业风险以及失业保险对家庭影响的典型事实；第三部分介绍我国失业保险的背景；第四部分探讨了失业风险对家庭消费和资产等以及对宏观经济的冲击；第五部分介绍了失业保险的稳消费作用；第六部分是结论。

二、失业冲击的影响

虽然国内外已有诸多文献实证检验了失业风险的影响，如 Campos 和 Reggio（2015）利用西班牙数据，赵达等（2019）利用中国数据，均发现失业风险升高会降低家庭消费，并且失业冲击会导致消费下降似乎是一件非常直接的事情，但为了体现"做实失业保险领取"的现实基础，在本部分，课题组将首先再现已有文献的核心结论，构建失业风险与失业保险对家庭消费储蓄等影响的典型事实。

（一）数据描述

本部分所使用的微观数据是国家统计局收集的城镇住户调查（urban household survey，UHS）数据。该调查是由国家统计局负责，以城市市区和县城乡镇区内的住户作为调查对象，以全面掌握城市居民家庭社会经济情况为目的，在全国范围内开展的住户调查。国家统计局在收集UHS 数据时，制定了相关的数据质量检查办法，并要求各省（区、市）严格执行这一办法，以保证调查数据的真实有效性。而且，UHS 数据具有很高的代表性。城镇住户调查采用的是分层随机抽样方法，为了提高代表性，每年轮换 1/3 的住户，即每年有 1/3 的调查户要退出调查，再从大样本框中抽选 1/3 的新调查户来替代。

UHS 的数据包括个人层面的数据和家庭层面的数据，其中，个人层面的变量包括与户主的关系、性别、年龄、文化程度、职业、就业状况、工资、工作小时数、参加工作年份、退休金、财产性收入等；家庭层面的变量包括家庭总收入、家庭人口数、居住面积、家庭财产、现金支出、现金流入、储蓄、借款、家庭消费等。鉴于本专题报告的分析需要控制户主的一些个人特征，因此课题组将 UHS 数据中个人层面的数据和家庭层面的数据进行匹配。

在检验失业风险对家庭消费的影响时,课题组主要使用的样本是UHS2010—2014年的月度数据,覆盖了4个省级行政区(上海、辽宁、四川和广东)的48个城市,样本城市分布于中国东北、华东、华南、西南地区,虽然是全样本的一部分,但在地理位置和经济发展水平等方面均具有较为广泛的代表性。在检验失业风险对劳动供给的影响时,由于工作小时数这一变量只是在2002—2006年的年度调查数据中存在,因此,在相应分析时,课题组也将采用这一时期的数据。

在分析前,课题组首先进行了样本的清洗工作。具体过程如下:(1)项目组只保留那些在食品消费方面大于零的家庭。(2)由于聚焦于失业风险的影响,因此课题组的样本中也不包括企业雇主、家庭经营者、农场工人的数据。(3)课题组关注工作年龄人口,因此,分析样本限制在16～55岁的女性工人和16～60岁的男性工人。关于就业失业状态的定义,课题组参考Feng、Hu和Moffitt(2017)以及赵达等(2019),将UHS数据中就业状态为国有经济单位职工、城镇集体经济单位职工、其他经济类型单位职工、城镇个体或私营企业主、城镇个体或私营企业被雇者、离退休再就业人员、其他就业者定义为就业人员,将待分配者、失业人员定义为失业人员,将其他的就业状态定义为非劳动力。(4)为了排除极端变量的影响,课题组对样本进行了缩尾处理。(5)为了使结果在时间上具有可比性,课题组对样本用各省的消费价格指数(CPI)进行平减。(6)由于家庭总人口及其组成的变化会影响家庭的总收入和总消费,因此课题组参考Krueger和Perri(2006)的方法将收入和消费按成人等值规模进行处理,分别将家庭收入除以家庭中有工作人口的数量,将家庭消费除以成人等值规模。

(二)失业与就业的转变对消费的影响

课题组首先考察失业风险对受到冲击的家庭的直接影响。根据永久收入假说理论,当家庭受到失业冲击时,家庭的收入大幅下降,如果家庭不能进行消费平滑,则消费也会出现下降,因此,可以预见失业家庭的消费会显著低于有工作的家庭。进一步地,如果考虑家庭工作状态的动态变化,则任意时期所有样本均可以被分为就业—就业、就业—失业、失业—就业和失业—失业四种状态。由于失业相当于负向收入冲击,因此,课题组预期家庭由有工作状态变为失业状态消费会大幅下滑,并且,失业时间越长,消费下降越多;与此同时,失业家庭找到工作会显著提高家庭的消费。课题组建立如下回归模型检验以上经济学理论:

$$\Delta c_{ijt} = \alpha STATE_{ijt} + \beta X_{ijt} + \gamma \Delta y_{ijt} + \delta_t + \theta_i + \varphi_i + \varepsilon_{ijt}$$

其中,核心被解释变量为家庭消费变动 Δc_{ijt},$\Delta c_{ijt} = \ln(c_{ijt}) - \ln(c_{ijt-1})$,核心解释变量是 $STATE_{ijt}$,为就业—就业、就业—失业、失业—就业和失业—失业四种状态的虚拟变量。X 为其他控制变量,包括户主的性别、年龄、年龄的平方、婚姻状况、教育程度、行业以及家庭的房屋产权、借贷支出等可能影响消费的因素。Δy_{ijt} 为个体的收入变动,由于失业率的上升可能与当前家庭收入的下降相关,因此将收入增长指标作为额外的控制变量。ε_{ijt} 为随机误差项。在回归时,课题组还控制了家庭、城市、时间的固定效应。

表3报告了回归结果,其中第一列是检验失业家庭与有工作家庭在消费上的区别,第二列是检验家庭工作状态变动所带来的消费变动,其中就业—就业作为对照组。

表3　　　　　　　　　　失业与就业的转变对消费的影响

变量名称	被解释变量:消费的变动	
失业	−0.022 6**	
	(0.011)	
就业—失业		−0.023 3
		(0.050)
失业—失业		−0.023 0*
		(0.013)
失业—就业		0.163 2***
		(0.046)
常数值		0.080 6*
		(0.045)
控制变量	是	是
个体+时间+城市固定效应	是	是
观测值	377 439	338 580
R^2	0.041 6	0.042 7

注:*、**、*** 分别指在10%、5%和1%的显著性水平上显著。

可以看出,首先,失业家庭的消费显著低于就业家庭,并且,相对于一直有工作的家庭,由就业转向失业会使得收入下降,由于失业当期家庭可能只将其当做暂时性收入冲击,家庭可以动用储蓄或其他自我保险手段进行消费平滑,因此其消费虽然会下降,但统计上并不显著。其次,如果失业时间增长,对于连续失业者,一方面失业更可能变为永久性收入冲击,另一方面储蓄也会被消耗,因此家庭的消费受到的影响就会变得更加显著。最后,由失业向就业的转变给家庭带来额外的收入,因此其消费变动显著增加。由此可以得到本专题报告的第一个典型事实:

典型事实1:失业风险会直接抑制受到冲击的家庭的消费。

(三)整体失业风险对消费的影响

以上分析表明,失业冲击会直接影响失业家庭的消费,那么,如果一个地区失业风险升高,会不会通过预防性储蓄动机的形式外溢到仍有工作的家庭上呢?接下来,课题组就考察整体失业风险对消费变动的影响。该部分检验的核心被解释变量为家庭消费的增长率 Δc_{ijt},核心解释变量是地区失业率的变动 ΔU_{jt},是家庭所在地区整体失业率的变动值。课题组建立如下回归模型:

$$\Delta c_{ijt} = \alpha \Delta U_{jt} + \beta X_{ijt} + \gamma \Delta y_{ijt} + \delta_t + \theta_i + \varphi_j + \varepsilon_{ijt}$$

其中,各变量定义如前所述,课题组主要关注的参数是 α,如果失业风险会激发家庭的预防性储蓄动机,导致家庭消费下降,则 $\alpha < 0$。

表4报告了回归结果,其中第一列未添加控制变量,第二列添加了除收入变动以外的其他控制变量,第三列添加了所有的控制变量,第四列区分了有工作的家庭与失业的家庭。从表中可以看出,无论是否控制收入的变动以及户主和家庭的特征,家庭的消费变动与失业率的变动均呈现显著的负相关关系。平均而言,失业率每提高1%,家庭的消费降低0.26个百分点。第四列的结果也表明,失业率增加对失业家庭和就业家庭的消费均有显著的负面影响,但是相对于就业家庭,失业率增加造成的消费降低程度在失业人群中要更高一些。

表 4   整体失业率变动对消费的影响

	被解释变量：消费变动			
	(1)	(2)	(3)	(4)
整体失业率变动	−0.260 0*	−0.262 1*	−0.253 9*	−0.952 3**
	(0.142)	(0.144)	(0.141)	(0.461)
收入变动			0.162 5***	0.162 7***
			(0.008)	(0.008)
是否就业				0.019 8*
				(0.010)
整体失业率变动×是否就业				0.809 0*
				(0.475)
其他控制变量	否	是	是	是
家庭＋时间＋城市固定效应	是	是	是	是
观测值	421 197	409 033	406 017	377 439
R^2	0.031 3	0.031 7	0.041 5	0.041 7

数据来源：中国人民银行、上海财经大学高等研究院。

以上结果表明，失业风险的增加无论是对失业人员还是就业人员来说，均有显著的负向影响，当然，相对而言，对失业人员的影响要更高一些。由此可以得到本专题报告的第二个典型事实：

典型事实 2：失业风险增加会激发家庭的预防性储蓄动机，降低家庭消费。

（四）整体失业率变动对劳动供给的影响

根据生命周期持久收入假说理论，家庭有对收入风险进行自我保险的动机（Blundell 等，2008）。当面临收入冲击时，家庭会通过各种方式分散风险以平滑消费。现有的研究表明，收入冲击不能被完全保险。储蓄与劳动供给都是家庭自我保险的重要手段，因此，在面临收入风险增加时，家庭不仅会提高储蓄，而且还可能增加劳动供给。因此，在验证了失业率变动对消费的影响后，课题组进一步检验失业率变动对劳动供给的影响。课题组建立如下回归模型：

$$Hour_{ijt} = \alpha \Delta U_{jt} + \beta X_{ijt} + \gamma \Delta y_{ijt} + \delta_t + \theta_i + \varphi_j + \varepsilon_{ijt}$$

其中，$Hour_{ijt}$ 代表劳动供给，表示就业人员的平均周工作小时数。X 为其他控制变量。如果家庭采取增加劳动供给的方法来平滑部分消费波动，课题组预期 $\alpha > 0$。由于数据的可得性，在 UHS 数据中，仅在 2002—2006 年的调查中询问了上个月的工作小时数，故此处课题组便利用了这一数据。

表 5 报告了回归结果，可以看出，整体失业率变动与劳动供给之间存在显著的正向关系，失业率增加会使得劳动供给增加。失业率每增加 1%，就业人员的周工作时间将提高约 1.05 个小时。

表 5　　　　　　　　　失业率变动对劳动供给的影响

变量名称	被解释变量：劳动力供给
整体失业率变动	0.046 9*
	(0.028)
控制变量	是
家庭＋时间＋省份固定效应	是
观测值	51 317
R^2	0.223 2

数据来源：中国人民银行、上海财经大学高等研究院。

由此可以得到本专题报告的第三个典型事实：

典型事实 3：整体失业风险增加会激发家庭的自我保险意识，增加劳动供给。

（五）失业保险对消费的影响

由前面的回归结果可以看出，失业会降低家庭的消费，如果家庭可以获得失业保险，那么失业对消费的挤出作用能否得到缓解呢？在检验了失业率波动对消费以及劳动供给的影响之后，课题组进一步考察了失业保险对失业人群消费的影响。课题组建立如下回归模型：

$$\Delta c_{ijt} = \alpha INSUR_{ijt} + \Gamma X_{ijt} + \delta_t + \theta_i + \varphi_j + \varepsilon_{ijt}$$

其中，$INSUR_{ijt}$ 代表家庭在失业时是否领取失业保险或领取的失业保险金额。当 $INSUR_{ijt}$ 代表家庭在失业时是否领取失业保险时，如果数据中失业保险金大于0,课题组将其赋值为1。

表6报告了回归结果,其中,第一列和第三列检验了对于新失业者是否领取保险金或领取保险金的金额对其消费的影响。从表中可以发现,领取失业保险金对失业者的消费有显著的正向影响,并且随着领取金额的增加,消费也会增加。根据第三列的结果,领取失业保险金的金额每增加1‰,失业者的消费增加0.19个百分点。表6的第二列和第四列检验了领取失业保险以及领取金额对连续失业人群消费的影响。领取失业保险以及领取金额虽然对其消费有正向促进作用,但在统计上不显著。

表6　　　　　　　　　　　失业保险对消费的影响

变量名称	被解释变量:消费的变动			
	新失业样本	连续失业样本	新失业样本	连续失业样本
是否领取保险金	1.453 1***	0.047 1		
	(0.248)	(0.037)		
领取保险金额			0.189 4***	0.006 4
			(0.044)	(0.006)
其他控制变量	是	是	是	是
家庭+时间+城市固定效应	是	是	是	是
观测值	304	14 138	304	14 138
R^2	0.954 3	0.056 2	0.952 0	0.056 2

注:中国人民银行、上海财经大学高等研究院。

可以看出,我国的失业保险制度在缓解失业的负向影响方面作用有限。由此可以得到本专题报告的第四个典型事实:

典型事实4:失业保险可以增加家庭的消费,起到缓冲失业影响的作用。

总结而言,课题组利用2010—2014年的城镇住户调查数据(UHS)实证数据发现:(1)失业会直接抑制失业家庭的消费,并且失业时间越长,对消费影响越大;(2)整体失业风险增加会激发家庭的预防性储蓄动机,对失业家庭和就业家庭的消费均有抑制作用,但对失业家庭的负面影响显著高于就业家庭;(3)整体失业风险增加也会激发家庭自我保险动机,存在劳动供给效应,使得就业家庭的工作时间增加;(4)失业保险金的领取可以显著促进失业家庭的消费,缓解失业冲击的影响。

接下来,课题组将介绍我国失业保险的现状,为本专题报告提出的政策提供现实依据。

三、失业保险体系的现状

正如前文所言,失业风险无论是对直接受到冲击的家庭,还是对尚未受到冲击的家庭,都会产生消费抑制的影响,而失业保险可以在一定程度上对冲失业风险的影响,那么失业保险系统在我国发挥的作用如何呢?在本部分,课题组就将探讨这一问题。

我国的失业保险制度开始完善是从1999年开始的。1999年颁布的《失业保险条例》规定,城镇企业实业单位人员应该缴纳失业保险费,单位承担2%,本人承担1%。职工失业后,需要持有工作期间单位为其出具的终止或者解除劳动关系的证明去社会保险经办机构办理失业登记,并且领取失业保险金。失业保险金的标准按照低于当地最低工资标准、高于城市居民最低生活保障标准的水平制定,并且失业保险金领取时长与工作期间缴费时间有很大关系,缴费越长,失业保险领取时间就越长。

虽然作为社会保障体系的重要一环,但由于失业保险金的领取需要单位开具证明,并且要到社会保险经办机构登记,这就给失业人员的鉴定与失业保险金的领取设置了困难。因此,对于职工而言,如果失业保险缴纳不能起到对冲失业风险的作用,那么还不如直接转化为工资拿到手里,而企业也乐得如此,这就导致我国的失业保险发展较为缓慢,虽然失业保险参保率(年末失业保险参保人数除以城镇就业人员)整体呈现上升趋势,但仍大幅低于养老保险等其他社会保障制度的参与情况,如图76所示。

数据来源：上海财经大学高等研究院、人社部。

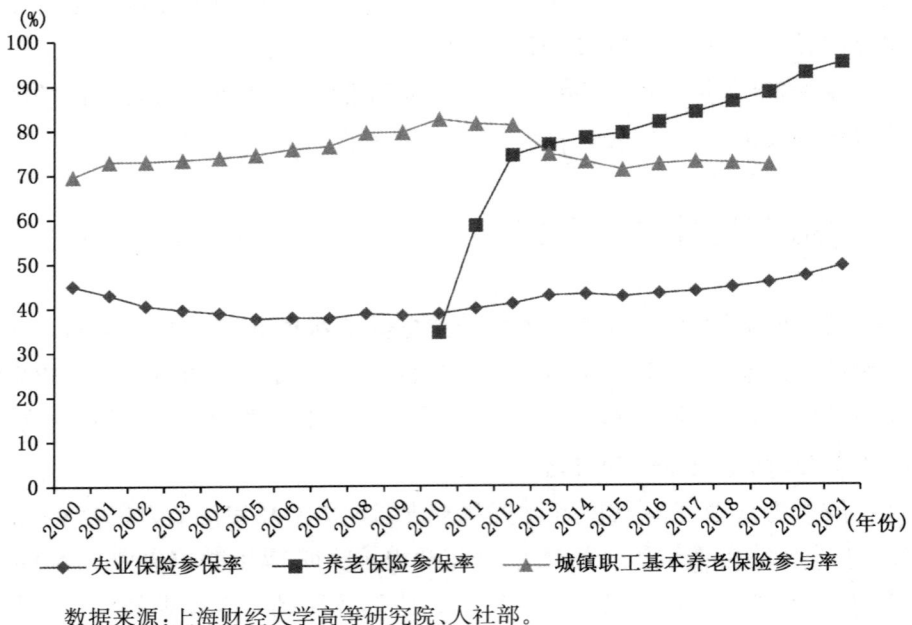

图 76　失业保险参保率

失业保险的参保率较低，领取率更低。根据人社部的数据，课题组构建了失业保险的领取率，由年末领取失业保险金人数与年末登记失业人数之比得到，从图77可以看出，即便是很多失业人员会选择到社会保险经办机构进行失业登记，但真正可以领取到失业保险金的比例仍然很低。从图中可以看出，失业保险金的领取高峰是在2003年非典暴发的时期。在新冠疫情暴发的2020年，失业保险金的领取率反而下降了，虽然2021年失业保险金的领取率有所上升，但也不到三分之一，远远低于2003年。即便是如此低的领取率，这一指标也存在低估经济状况的可能。由于失业保险领取的第一步是进行失业登记，因此，失业保险领取率的对照是登记失业率，但是，真实的失业情况可能远远高于登记失业率。比如，人社部公布的2021年末城镇登记失业率为3.96%，但统计局公布的2021年12月的城镇调查失业率为5.1%，比登记失业率高了近28.8%。由此可见，失业人员中可以领取到失业保险金的比例会进一步降低。

第四章 做实失业保险领取，激发家庭消费需求

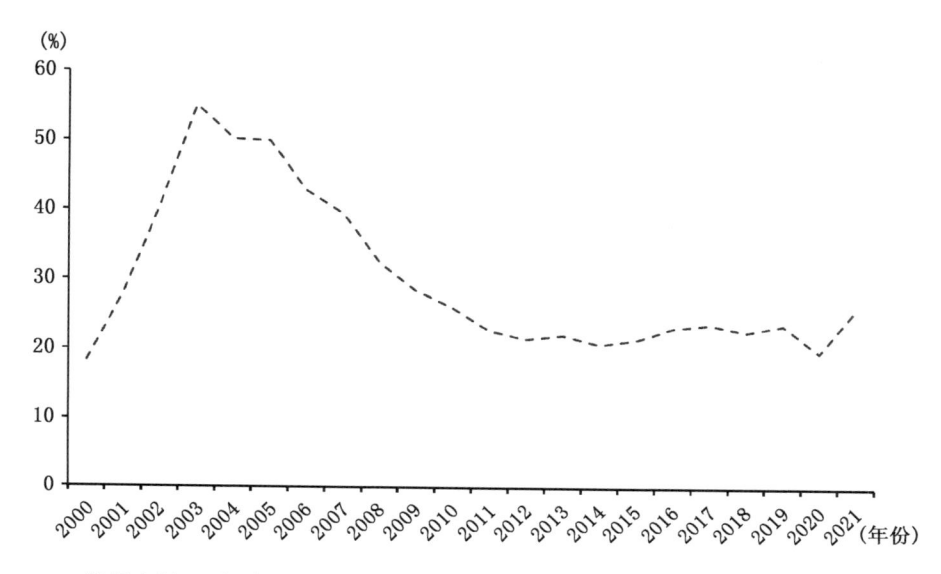

数据来源：上海财经大学高等研究院、人社部。

图 77　失业保险领取率

失业保险领取困难，那么如果一个失业人员领取到失业保险金，失业保险金大概有多少呢？利用人社部的失业保险金发放数据，课题组构建了失业保险金的替代率。构造的具体过程如下，首先，利用每年发放失业保险金与每年领取失业保险金人数，可以计算出每个失业人员得到的失业保险金平均数，在将其与城镇非私营单位就业人员平均工资或私营单位就业人员平均工资相除即可得到不同衡量标准下的替代率，如图78所示。从图中可以看出，由于非私营单位平均工资较高，因此，基于此计算出的失业保险金替代率非常低，连10%都不到，即便是用私营单位平均工资做参照，得到的替代率也只有15%左右。并且近两年来养老金替代率也在逐渐下降，以私营单位平均工资做参照的替代率在2021年仅有13.9%，远低于疫情前2019年的16.1%。也就是说，在当前经济状况变差、家庭部门遭受疫情冲击急需"外部输血"的情况下，失业保险的替代率不升反降，对冲失业风险的作用进一步降低。

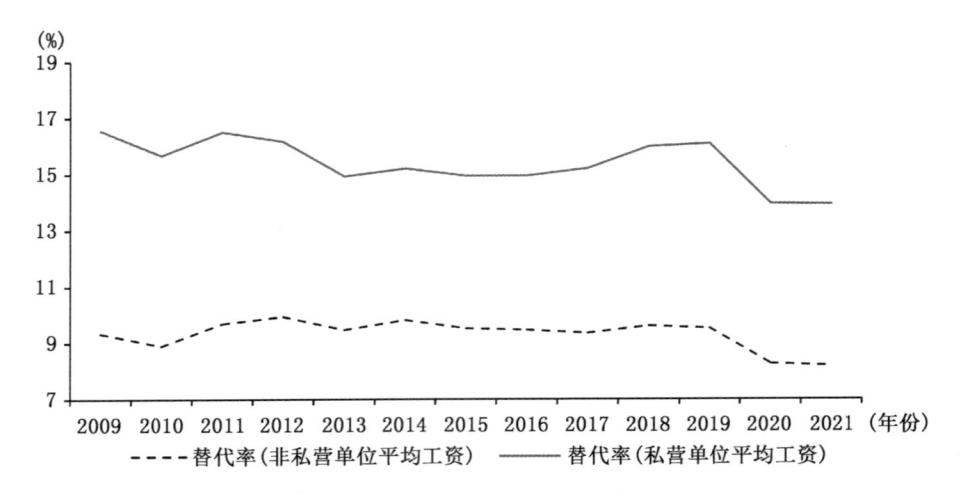

数据来源：上海财经大学高等研究院、人社部。

图 78　失业保险替代率

失业人员领取到失业保险金的比例较低，且失业保险金的替代率也很低，那么在职职工缴纳的失业保险金在哪里呢？答案就是结余下来了。如图 79 所示，图中显示了失业保险基金的累计结余额以及结余率（失业保险基金累计结余/失业保险基金收入）。从图中可以看出，失业保险基金最多达到了 2018 年的 5 817 亿元。此后，随着失业保险的消耗，累计结余逐渐降低，但仍有超过 3 000 亿元的结余。

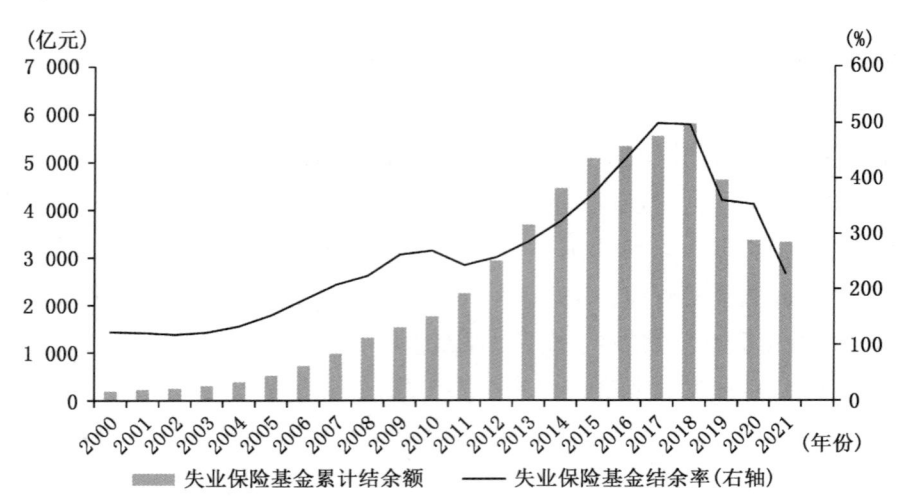

数据来源：上海财经大学高等研究院、人社部。

图 79　失业保险金结余

失业报销基金能否支撑失业人员的失业保险金领取呢？我们可以做一个简单的计算。在2021年，当年失业保险基金收入为1 459.6亿元，失业保险金的累计结余额为3 312亿元，当年失业保险基金支出为1 500亿元，但其中仅有530.65亿元用于失业保险金的发放，仅占失业保险基金支出的三分之一左右。2021年末登记失业人数为1 040万人，失业保险金待遇平均为8 733.6元（由全年发放失业保险金与全年领取失业保险金人数计算可得）。如果所有的登记失业人员均可以获得失业保险金，则共需花费908.3亿元，不到失业保险基金结余的30%，并且没有超过当年失业保险金的总收入。也就是说，即便是把当年失业保险收入全部返还给失业人员，也还会有结余。并且这样做还会激发当前没有参加失业保险的个体的积极性，从而增加参保率、增加基金收入，达到良性循环。

以上分析表明，我国当前的失业保险体系存在参保率低、领取率低、替代率低、累计结余高等问题，正如前面分析所言，这些问题的根源在于领取率低。因此，课题组将探讨如果提高失业保险的领取率，做实失业保险的领取，会产生什么样的宏观影响。

四、失业风险对宏观经济的冲击

（一）分析框架

为了进一步探讨失业风险对家庭影响的机制，以及做实失业保险的宏观影响，课题组需要构建一个统一的分析框架。在这个框架下，模型不仅能够捕捉失业风险冲击的典型事实以及中国失业保险的现状，而且可以作为政策分析的"试验场"。在文献中，涉及失业问题的研究框架基本分为两种：其中一种多聚焦于失业的影响，特别是从消费方面，探讨失业作为一种收入冲击对总需求的影响，如Krueger、Mitman和Perri (2016)，McKay (2017)，Harmenberg和Oberg (2021)，Chafwehe (2022)等，这也是本专题报告采用的框架。另一种多探讨造成失业的原因，由于失业问题大多是由于劳动力市场的摩擦产生，因此，很多探讨失业问题的研究是采用搜索匹配框架（search and match model）进行分析。同时，在搜索匹配框架下，如果提高失业保险待遇，则可能导致失业家庭找工作的积极性降低,企业职位的匹配效率下降,降低企业的价值,使得企业推出的工作职位下降,反而可能对经济恢复起到反作用。但根据梁斌和冀慧(2020)使用"中国时间利用调查"数据的分析,在中国,失业保险金反而会通过补贴搜寻成本的方式来提高失业者的求职努力程度。因此,基于本专题报告的研究目的以及中国失业保险与求职努力的关系,课题组将失业作为一种收入冲击,采用不完全市场的框架,而并未采用搜索匹配框架进行了分析。

具体而言,课题组构建了一个 Bewley-Huggett-Aiyagari 不完全市场异质性家庭一般均衡模型。在模型中,家庭不仅面临广延边际(extensive margin)上失业风险的冲击,而且面临集约边际(intensive margin)上生产效率风险冲击。由于目前还没有学者通过构建不完全市场结构模型探讨中国的失业保险制度的稳消费作用,因此本专题报告通过一个异质性模型并根据中国的微观数据进行校准,模拟了失业冲击和失业保险对家庭消费、劳动供给等以及对社会福利的影响,丰富了现有文献。

(二)失业风险冲击的校准

在本专题报告中,失业风险冲击相当于一个 MIT 冲击(Boppart、Krusell 和 Mitman,2018),即如果第 1 期是初始稳态,在第 2 期的时候,经济体受到一个未被家庭预期到的失业冲击,失业率突然升高,随后失业率缓慢衰减至与初始稳态的值一致。在对失业冲击进行建模时,课题组假设失业风险冲击服从 AR(1)过程,即

$$u_t = \theta_u u_{t-1} + \varepsilon_{u,t}$$

其中,θ_u 表示失业风险冲击的持久系数,$\varepsilon_{u,t}$ 表示失业风险冲击的扰动项,这也是文献中通常所采用的收入不确定性的构建方式。在持久系数以及扰动项的取值方面,利用贝叶斯方法,许志伟和刘建丰(2019)估计得到收入不确定性冲击的季度频率值为 0.913 7,由于本专题报告中的失业冲击也可以被理解为收入不确定性冲击,且一期代表一年,因此,课题组将 θ_u 值设定为 0.913 7 的 4 次方,即 0.7。同时,不失一般性地,失业风险的扰动项设定为 1 个百分点,即 $\varepsilon_{u,1}$ 为 0.01。也就是说,给定初始稳态的失业率 u_0,在第 2 期时,失业率突然提高 1 个百分点,然后慢慢衰减,最终恢复到初始稳态水平。

图 80 第一幅图显示了失业冲击随时间的变动情况。此处需要说明的是,与一般定义的收入不确定性冲击不同的是,由于在基准模型中,失业家庭的失业保险金为 0,即便是引入失业保险金,失业保险与有工作时的收入相比也下降了一大截,因此,失业风险的增加不仅会影响家庭收入分布的改变,而且会影响家庭的总收入,从而使得失业风险的增加不仅意味着家庭收入不确定性的增加,而且意味着所有家庭总收入的降低,进而产生负的收入效应。

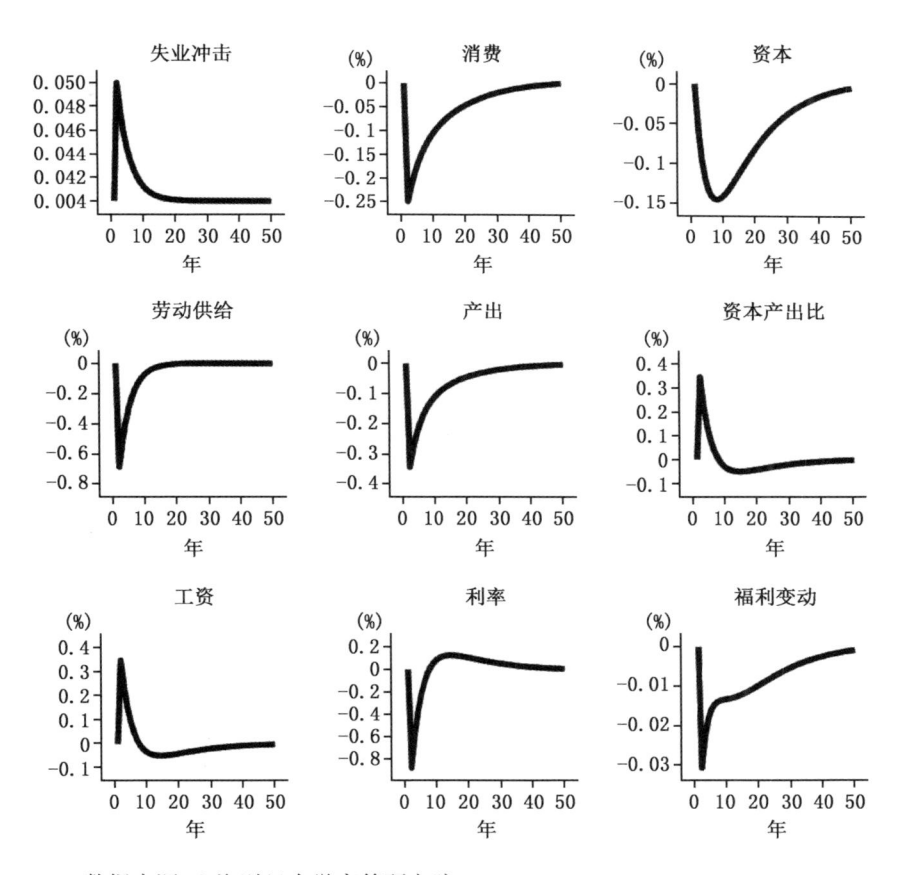

数据来源:上海财经大学高等研究院。

图 80　失业冲击的宏观经济影响

(三)失业风险对家庭的异质性影响

当经济体受到失业风险冲击的时候,模型是否能够产生与实证分析一致的结果？在本部分,通过分别计算在受到失业冲击影响时,失业家庭与有工作的家庭在消费、资产累计以及劳动供给等方面相对初始稳态的变动,课题组对此进行了检验,如图81所示。其中,图中上半部分显示了各个变量由模型产生的真实值,下半部分显示了各变量相对于初始稳态的变动。此处需要强调的是,由于失业家庭已经不能再继续提供劳动,因此,课题组只画出了有工作家庭的劳动供给变化。

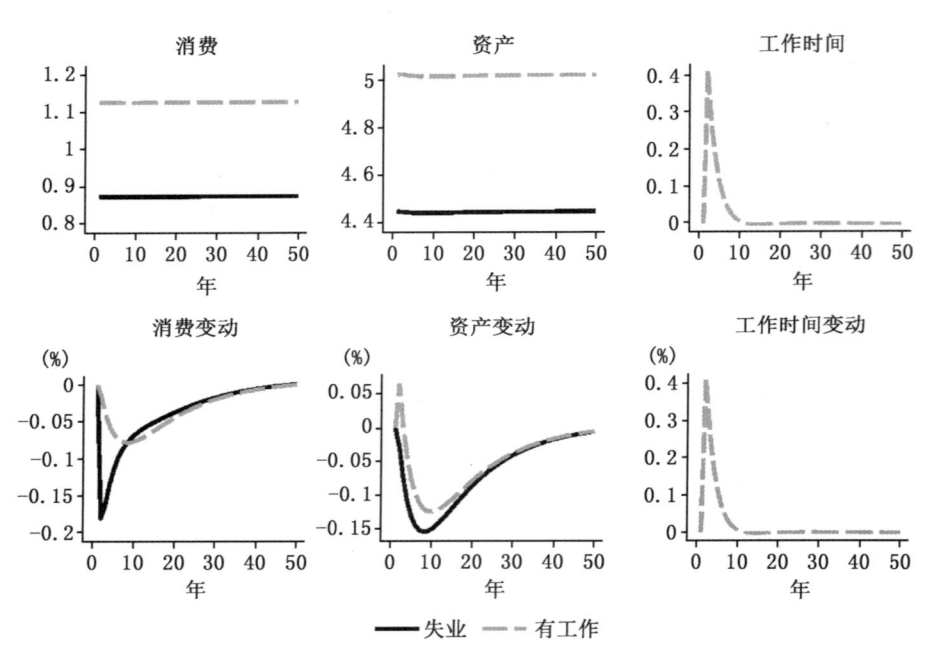

数据来源：上海财经大学高等研究院。

图 81　失业冲击对家庭的异质性影响

从图 81 中可以看出:(1)在消费水平上,如前所述,失业意味着收入的大幅下降,且市场的不完全性使得家庭无法对失业风险进行完全保险,因此,无论是否受到失业冲击,失业家庭的消费显著低于有工作的家庭,这也与实证结果中的典型事实 1 结果一致。(2)在受到失业冲击时,对于有工作的家庭而言,虽然其当期收入未受到影响(甚至可能因为工资以及劳动供给的因素而有所升高),但失业率增加所带来的未来收入的不确定性大幅增加,家庭的预防性储蓄动机会使得家庭增加储蓄、降低消费;对于失业家庭而言,未来收入的不确定性不仅会激发预防性储蓄动机,同时,由于失业保险金为 0,因此,失业还相当于一个负向的收入冲击,这就导致无论是否有工作,家庭的消费均会大幅下降,且失业家庭的消费下降更多,这一结果也与实证结果中的典型事实 2 结果一致。(3)在资产累积上,如前所述,对于失业家庭而言,虽然预防性储蓄动机会使得家庭增加储蓄,但失业导致的负向收入效应会降低家庭的资产累积,由于失业保险金为 0,因此,负向收入效应的影响占优,失业家庭的储蓄降低;对于有工作的家庭而言,虽然在受到失业冲击的当期,未来收入不确定性激发的预防性储蓄动机会使得家庭储蓄上升,其资产会相应地增加。但是,随后由于失业风险升高产生的负向收入效应,以及家庭出于消费平滑的动机对资产的使用,随着消费下降幅度的减少,就业家庭的储蓄开始下降,资产也会随之相应减少。总结而言,失业率增加 1%,失业者的消费下降了约 0.18 个百分点,而其资产下降约 0.15 个百分点,就业者的消费也下降了约 0.08%。(4)在劳动供给方面,根据生命周期持久收入假说,当面临收入冲击时,出于自我保险的意识,家庭会通过各种方式分散风险以平滑消费,当市场不完全、缺乏私人商业保险和社会保险时,家庭会增加劳动供给以实现自我保险,进而平滑消费(Heathcote 等,2014;Blundell 等,2016)。在本专题报告中就体现为失业风险增加对有工作家庭的劳动供给影响为正,这也与实证发现中的典型事实 3 结果一致。

在宏观现象方面,2022 年以来,由于新冠疫情的影响,我国的失业率居高不下,消费持续疲软,但家庭储蓄屡创新高,这些现象均与本专题报告的讨论一致,即失业风险冲击会激发家庭的预防性储蓄动机,降低家庭消费。与此同时,根据国家统计局公布的数据,虽然失业率居高不下,但中国城镇就业人员的周平均工作时间还是呈现明显的上升态势,企业就业人员周平均工作时间已经由 2022 年 1 月的 47.5 小时增加至 2023 年 3 月的 48.7 小时。"失业率越高,职场越内卷"成为社会热议的话题。从本专题报告的分析中可以看出,由于市场不完全性的存在,以及家庭不能对失业风险完全进行自我保险,因此,高失业率与高工作时长是可以并存的。

(四)短期失业冲击的宏观影响

失业风险冲击对家庭的影响自然会传导到宏观经济中,前文图 80 描述了当经济体受到失业冲击时,各宏观变量的变动情况。从图中可以看出:

(1)当失业率增加时,由于就业家庭和失业家庭的消费均出现下降,因此,经济中总消费会下降;(2)虽然就业家庭的资产在失业率上升之初略微增加,但随着失业率的上升、失业人数增加,且失业家庭的资产下降幅度较大,经济中的总资产会减少;(3)同资本的变动一样,伴随失业率的上升,虽然就业家庭的劳动供给有所上升,但由于失业人口的增加,劳动总供给出现下降。以上各变量的变动可由失业风险对家庭的异质性影响直接推出。

在其他变量的变动方面:(1)由于资本下降,劳动供给下降,根据生产函数设定,总产出会在受到冲击当期下降,然后随着资本与劳动的恢复而慢慢恢复;(2)虽然资本和产出均在冲击当期下降,但由于产出还受到劳动供给下降的影响,下降得更多,因此资本产出比会出现先上升,然后随着劳动供给慢慢增加而下降的趋势;(3)由于工资与利率分别是资本产出比的正相关函数与负相关函数,因此,工资的变动趋势与资本产出比一致,呈现先上升后下降的态势,而利率的变动趋势与资本产出比相反,呈现先下降后上升的态势;(4)受到消费下降以及就业家庭劳动供给提高的影响,家庭的福利也会在受到失业冲击影响后大幅降低,然后随着失业冲击的衰减,经济慢慢恢复,家庭的福利也在慢慢恢复。

在文献对照上,本专题报告关于失业冲击的宏观影响的分析也同已有文献一致。比如Krueger、Mitman和Perri(2016)在一个具有更丰富异质性的框架中,分析了经济衰退期间失业率升高产生的影响,结果显示失业率升高会降低家庭消费、降低投资,进而使得产出下降。本专题报告的这一结果也同Challe和Ragot(2016)关于预防性储蓄与经济周期的研究结果一致,即当收入风险升高时,家庭会降低消费、提高储蓄。

(五)长期失业风险的宏观影响

以上分析表明,短期失业冲击虽然也会造成消费下降,但伴随着失业冲击的衰减,家庭的消费还是会慢慢恢复。但如果经济状况变差,家庭将失业冲击当作永久性的、长期的失业风险,又会发生什么呢?图82显示了当失业率长期增加1%所产生的结果,其中第一幅图显示了失业冲击的形式。从图中可以看出,当失业率永久性地提升后,家庭的消费会产生永久性的下降,而不再能恢复到初始稳态水平。并且,随着时间的推移,失业冲击带来的负向收入效应显现,消费下降得越来越多,直至最终稳态。受到负向收入效应的影响,家庭的储蓄也在下降,这就导致资本下降,同时失业使得劳动力市场的劳动力供给下降,这两者会使得产出下降,由于产出下降不仅受资本下降影响,而且受劳动供给下降影响,那么资本产出比会先上升后下降,并且一直高于初始稳态。而工资与利率分别是资本产出比的正相关函数和负相关函数,所以工资的形状与资本产出比相同,但利率的函数与资本产出比相反。同时,永久性的失业率提升也会使得福利永久性地大幅下降,且无法恢复到初始稳态。

从这一结果可以看出,当失业冲击的持续性增强,或者当大众认为失业冲击是一个永久性冲击时,失业风险对宏观经济的伤害会成倍增加,这也是本专题报告的一个悲观情景。

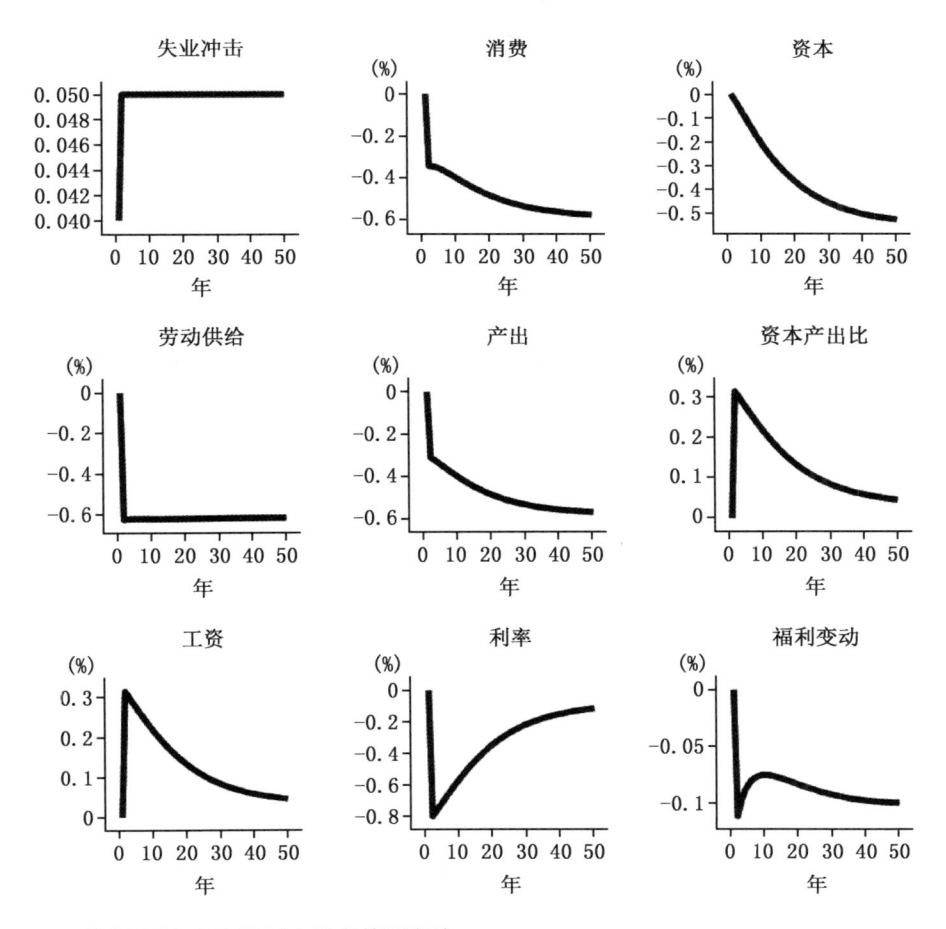

数据来源:上海财经大学高等研究院。

图 82　长期失业风险的宏观经济影响

以上分析表明,在失业风险冲击的影响下,不仅失业群体的消费下降,而且就业群体的消费同样下降,劳动供给升高,整体上使得社会福利下降。这一结果不仅同实证证据相吻合,而且与疫情后宏观经济波动相吻合。那么做实失业保险的领取是否能够抵消失业冲击的影响呢?这就是接下来本专题报告所要探讨的内容。

五、失业保险的稳消费作用

前一部分的分析表明,失业风险增加不仅涉及就业家庭对未来收入的预期,进而激发家庭的预防性储蓄动机,而且失业家庭收入减少产生的负向收入效应更会降低家庭的消费支出,进而影响总需求。因此,失业风险不仅会造成产出的下降,而且会造成福利的损失。那么,如果做实失业保险的领取,不再将失业保险金作为政府截流,而是转移给失业群体,那么能否起到稳定总需求的作用呢?在本部分,课题组将对这一问题进行探讨。

(一)引入失业保险对家庭的异质性影响

课题组首先检验了在失业风险冲击下,做实失业保险的领取对失业和有工作家庭的异质性影响,如图83所示。从图中可以看出,在消费层面,即便是在失业率增加的情况下,在冲击当期,由于有了失业保险的存在,失业家庭相当于有了一份额外的收入,这一正向的收入效应会完全抵消失业带来的预防性储蓄动机与负向收入效应,因此,失业家庭的消费会大幅增加;与此同时,对于有工作的家庭而言,由于未来失业也会有失业保险帮助消费平滑,因此,家庭的预防性储蓄动机削弱,家庭的消费也会上升。当然,与失业家庭相比,由于没有正向的收入效应的影响,因此消费上升得要低一些。但是,随着冲击的持续,由于家庭已经将失业保险纳入选择的考虑,因此,失业带来的负向收入效应仍然存在,因此,无论是有工作家庭还是失业家庭,其消费均略有下降。这也与实证分析中的典型事实3结论一致,即对于新失业人员,失业保险的刺激作用最强。同时,由于失业保险的存在,失业家庭与有工作家庭之间的收入差距有所降低,因此,消费差距也有所降低。

图 83 失业保险对家庭的异质性影响

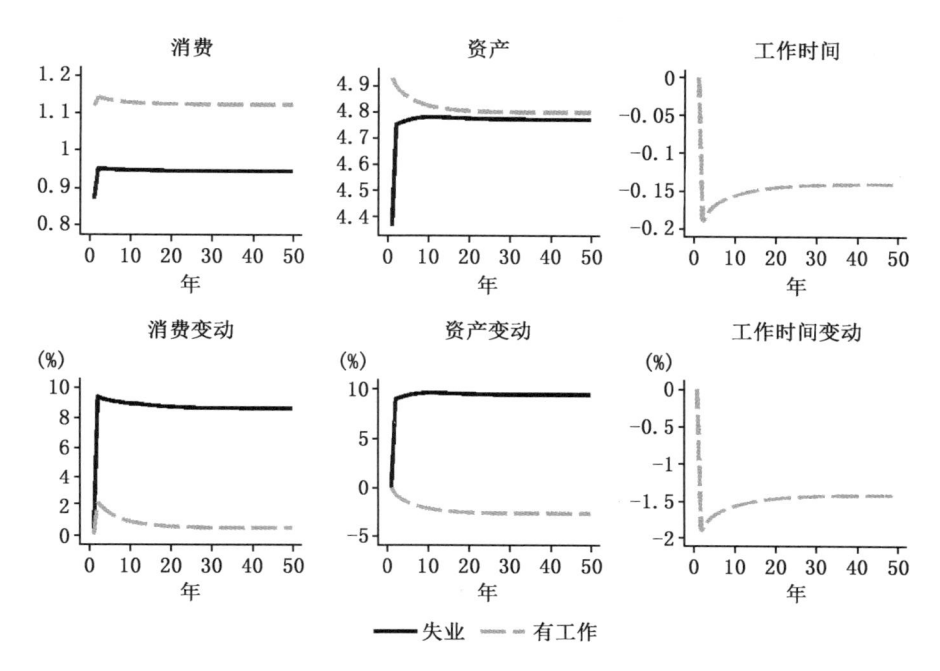

数据来源：上海财经大学高等研究院。

在资产累积上，对于失业家庭而言，在失业冲击当期，得到的失业保险金相当于一个正向永久性收入冲击，由于家庭对于永久性收入冲击仅能做到部分保险，因此，这一正向收入冲击会传导到储蓄中，引起失业家庭的资产升高。但是，伴随着时间的推移，当家庭将失业保险完全纳入预算考虑后，失业保险带来的正向收入效应就消失了，失业保险引致的预防性储蓄动机仍然存在，因此失业家庭的资产累积会继续上升。对于有工作的家庭而言，由于失业保险的引入，其对未来收入不确定性的担忧有所缓解，预防性储蓄动机下降，因此，有工作家庭的资产从一开始就下降了。

在劳动供给方面也表现出与资产累积同样的情形，即对于有工作的家庭来说，由于失业保险的引入，家庭在不完全市场情况下对事业风险的自我保险能力增强，因此就会降低劳动供给。也就是说，引入失业保险不仅会提高失业群体的消费，而且会降低有工作家庭的工作时长，更利于保护工人的合法权益。

另外，通过比较图 81 和图 83 可以发现，与就业家庭相比，失业保险对失业家庭消费的平滑作用更大;也就是说,当不存在失业保险时,失业家庭的消费来源于家庭之前的储蓄,而失业保险金相当于家庭获得的额外的现金收入,因此,对消费正向促进作用更加明显。同时,失业保险还会提高失业家庭的储蓄,有利于这些家庭的现金流稳定,从而更好地平滑各种收入风险。

(二)引入失业保险的宏观影响

在探讨了引入失业保险对失业家庭与有工作家庭的异质性影响后,课题组进一步探讨了其产生的宏观影响,如图84所示。

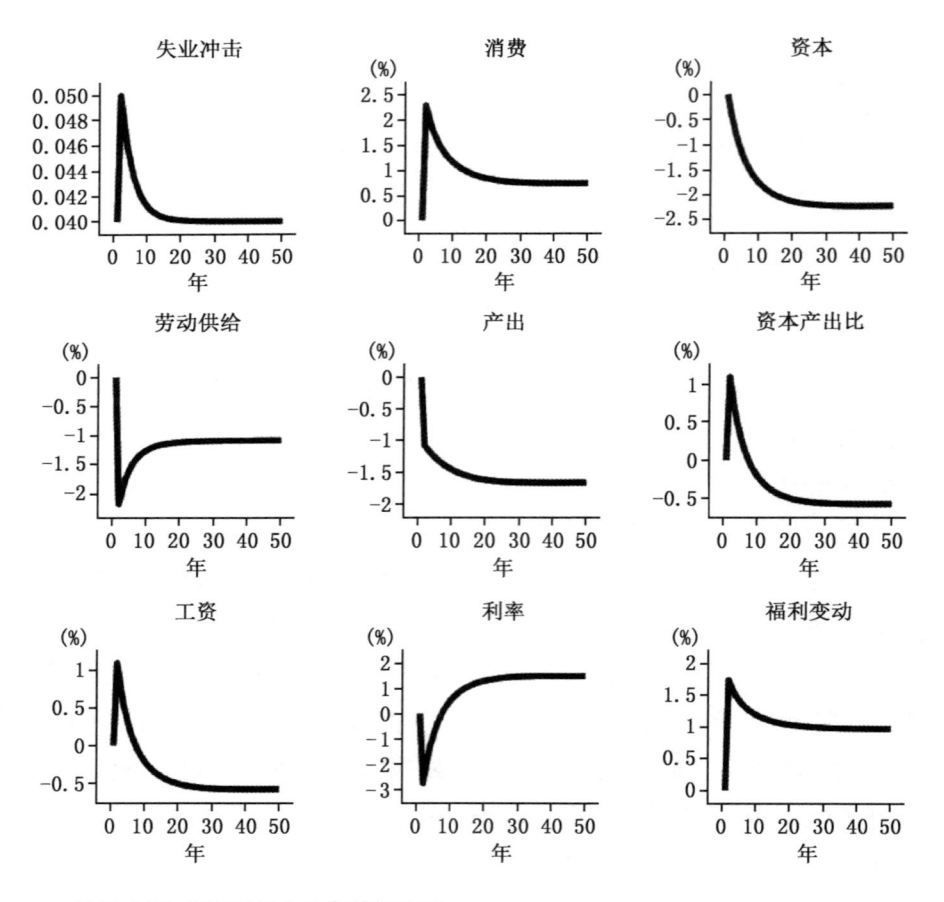

数据来源:上海财经大学高等研究院。

图84 失业保险的稳经济作用

从图中可以看出：(1)由于引入失业保险不仅使得失业家庭的消费升高，而且使得有工作家庭的消费也升高，因此就会使得经济体中总消费升高。(2)虽然引入失业保险会使得失业家庭的资产在失业率上升之初有所增加，但由于就业家庭的资产下降，且有工作家庭在经济体中占大多数，失业者人数较少，因此会使得总资本下降。(3)由于失业率升高使得失业人数增加、劳动力市场中工作的家庭比例下降、叠加就业者的工作时间减少，因此，总的劳动供给也呈现下降状态。(4)受资本与劳动供给下降的影响，产出也出现下降。(5)由于产出下降既有资本下降影响，也受到劳动供给下降的影响，因此，在失业冲击当期，产出下降的幅度要比资本下降的幅度大，使得资本产出比升高，但随着时间的推移，伴随着失业风险的衰减、失业人数的下降以及劳动供给的恢复，产出虽然并未逆转下降的态势，但其下降的幅度要低于资本，从而使得资本产出比开始下降。(6)由于工资和利率是资本产出比的函数，因此，与失业冲击的影响一致，工资的变动与资本产出比一致，而利率的变动与资本产出比相反。(7)在引入失业保险后，失业家庭的消费大幅上升，就业家庭的消费也上升，且工作时间下降，休闲得到保证，因此，在社会福利方面有了较大的提高。

(三)失业保险的稳内需作用

课题组模拟了在不同程度的失业冲击下，失业保险的稳消费作用。如图85所示，随着失业冲击大小的增加，失业保险的稳消费作用逐渐下降，原因在于，高失业率冲击会显著降低对未来收入增长的预期。当失业率突然较大增加时，就业者失业的风险变大，而失业者更难找到工作，在失业保险仅能保障失业者的基本生活的情况下，人们会增加更多的预防性储蓄以抵御未来较大的收入不确定性。因此，在失业冲击较大时，失业保险的稳消费作用有所减小。

总结而言，做实失业保险的领取不仅可以使得家庭消费增加，而且可以降低有工作家庭的劳动供给，显著改善社会福利。在当前失业保险缴费的税率安排下，即使整体失业率升高至10%左右，失业保险金也可以支撑消费不出现大幅下滑。

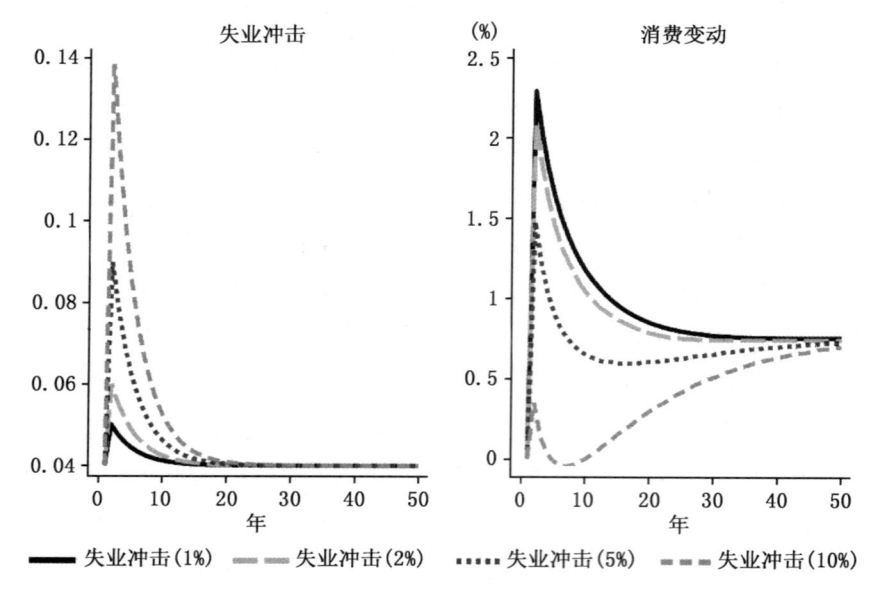

失业冲击(1%) ---- 失业冲击(2%) ······ 失业冲击(5%) ---- 失业冲击(10%)

数据来源：上海财经大学高等研究院。

图 85　不同程度失业冲击下失业保险的稳消费作用

六、结论

　　新冠疫情对我国经济造成了严重冲击，随着 2022 年末管控措施的调整，疫情在快速达峰后基本处于低流行水平。但是，如何在外部环境不断恶化的情况下，提高经济增长的韧性，仍然是中国经济面临的挑战。失业率增加尤其是青年人的失业率大幅增加、内需持续疲软的问题等仍然困扰着中国经济。经过二十多年的发展，我国的养老保险和医疗保险的发展逐渐趋于成熟。但是，失业保险的发展很缓慢。在我国，失业保险主要保障失业者的基本生活水平，失业保险赔偿金与各地的最低工资挂钩，远低于各地社会平均工资水平。另外，我国的失业保险制度覆盖范围低且存在错配现象，失业风险较高的群体并没有纳入进来，如广大的农民工群体。在这一背景下，本专题报告通过实证分析与结构模型模拟相结合的方法，构建了一个动态一般均衡异质性家庭不完全市场模型分析了失业冲击的消费抑制效应，并进一步分析了失业保险的稳消费作用。

课题组的实证分析和理论分析均表明,失业率的增加无论是对失业者还是就业者的消费均有负向影响,尤其是对失业者这种负向影响更大,失业率每增加1个百分点,就业者的消费下降率要比失业者的消费下降率低0.143个百分点以上。而失业保险会缓解失业风险所造成的消费下滑,在当前的失业保险政策设定下,做实失业保险的领取可以对冲10%左右的暂时性失业冲击。本专题报告的分析不仅为当前稳消费提供了很好的借鉴,而且为在将来进一步探讨最优的失业保险提供了思路。